Uwe Birnstein

Väter in der Bibel

Uwe Birnstein

Väter in der Bibel

20 Porträts für unsere Zeit

HERDER

FREIBURG · BASEL · WIEN

Meinem Vater

Inhaltsverzeichnis

Väter in der Bibel

Ist die Bibel ein guter Ratgeber für Väter?

Eigentlich nicht. Als Erziehungsmittel empfiehlt die Bibel Schläge. Und die meisten biblischen Väter lebten in Beziehungen, die wir heute als moralisch verwerflich betrachten würden, hatten mehrere Frauen und dachten weder an Treue noch an Ehe. Nein, zum Vorbild taugen nur wenige der biblischen Väter.

Warum also sollte ein Buch über die Väter in der Bibel lesenswert, ja sogar wichtig für heutige Väter sein? Einen äußeren Grund gibt es: Das Buch Margot Käßmanns über die „Mütter der Bibel" verlangte nach einem männlichen Pendant. Viele Frauen wie Männer fragten die Autorin, ob sie nicht auch ein Buch über die Väter der Bibel schreiben wolle. Sie lehnte ab mit einem konsequenten Argument: Das könne nur ein Mann schreiben. Gerne will ich diese Herausforderung annehmen

Der andere Grund: Über mehrere tausend Jahre Abstand hinweg und trotz der völlig anderen Lebensumstände zur damaligen Zeit spiegeln die Gestalten der

Bibel zeitlose Befindlichkeiten. Viele der Ängste und Nöte, Sehnsüchte und Träume, die die Väter der Bibel hatten, teilen sie mit den Vätern von heute. Auch die biblischen Väter fragten sich: „Wie kann ich in meiner Vaterrolle Gottes Ansprüchen genügen?" Wer nicht in religiöser Tradition aufgewachsen ist, wird diese Frage heute vielleicht anders formulieren, weniger spirituell, aber nicht minder tiefsinnig: „Wie kann ich ein erfülltes Vater-Leben führen? Wie werde ich meinen eigenen Ansprüchen und den Erwartungen meiner Kinder gerecht? Wo finde ich inmitten einer oft bedrohlichen Umwelt Seelenfrieden?"

Geht man dieser Frage nach, findet man in den Lebensgeschichten der biblischen Väter verblüffend lebensnahe Schilderungen von allem, was das Vatersein auch heute noch ausmacht. Da geht es um den Umgang mit Macht und Schuld, Gewalt und Gefühl. Um die Erfahrung gelingenden Lebens und des Scheiterns. Da geht es um Kinder, die die Abwesenheit ihrer Väter ertragen müssen, und um Väter, die das Erwachsenwerden ihrer Söhne und Töchter nicht wahrhaben wollen. Das Maß körperlicher Züchtigung in der Erziehung ist ein Thema, ebenso Inzest. Da gibt es tragische Niederlagen sich selbst überfordernder Väter, und da gibt es Väter, deren Weisheit so groß und zeitlos scheint, dass der „garstige Graben" zwischen damals und heute wie zugeschüttet wirkt. Die biblischen Väter wollten beschützen und trösten, stark und fromm, gute Liebhaber und wilde Helden sein. Manche reiten wie *Lonely Cowboys* durch den Wüstensand, andere hocken depressiv und voll nagender Selbstzweifel in ihrem Zelt oder Palast.

Die wirklich Heldenhaften unter ihnen können sich auch ihre eigene Schwachheit eingestehen und zum „Vater im Himmel" beten. „Ihr sollt niemanden unter euch Vater nennen auf Erden; denn einer ist euer Vater, der im Himmel ist", sagte Jesus (Matthäus 23,9). Ein seltsamer Satz, der die irdische Vaterschaft quasi außer Kraft setzt und das Thema Glauben in den Mittelpunkt rückt.

In dem Ausspruch Jesu spiegelt sich aber auch das patriarchale Gottesbild der biblischen Zeit: „Vater" ist nur *eine* Bezeichnung für Gott. Viel ist darüber diskutiert worden, ob sie die stärkste ist und wie die mütterlichen Eigenschaften Gottes in Glauben, Gebet und Gottesdienst mehr zur Geltung kommen können. Mit diesen sinnvollen Anfragen im Hinterkopf lohnt es umso mehr, die väterlichen Eigenschaften Gottes zu betrachten.

„Nicht du liest die Bibel, sondern die Bibel liest dich!" Diese Erfahrung der Theologin Dorothee Sölle teile ich. Wer sich – als Vater oder Kind – in die Bibel vertieft, der wird nicht nur mit den Geschichten anderer Menschen konfrontiert, sondern vor allem mit der eigenen.

Adam

Vaterschaft jenseits von Eden

Vaterfreuden und Kindergeschrei im Paradies? Irgend-
wie passt das nicht zusammen. Die Stille des Gartens
Eden wurde höchstens durch die Stimmen der Tiere
durchbrochen: ein Klangteppich aus Grillengezirpe,
hier und da Schlangenzischeln und Löwengähnen. Aber
kein Kind. Nirgends. Denn Adam und Eva waren kinderlos. Geschaffen zwar „als Mann und Frau". Aber
dem Auftrag, der mit ihrer Erschaffung verbunden war
– „seid fruchtbar und mehret euch!" –, dem kamen sie
nicht nach. Obwohl Gott genau das im Sinn hatte: Wie
die Tiere sollten auch die Menschen sich vermehren.
Gott dachte nicht zeitlos, sondern in Generationen. Die
Weitergabe des Lebens werde quasi automatisch geschehen, kündigte Gott an: „Darum wird ein Mann seinen
Vater und seine Mutter verlassen und seiner Frau anhangen, und sie werden sein ein Fleisch" (1. Mose 2,24).

Adam und Eva allerdings haben sich genau damit viel
Zeit gelassen. Nackt lebten sie im Garten Eden „und

schämten sich nicht". Doch reizten die beiden zunächst eher die von Gott verbotenen Früchte als das andere Geschlecht. Weder Zeugung noch Geburt geschahen im Garten Eden.

Der Fortgang der Geschichte ist allseits bekannt und hat sich in das Weltkulturgedächtnis eingeprägt (1. Mose 3). Von der Schlange in Versuchung geführt, kostete Eva eine verbotene Frucht und reichte sie Adam. Auch er griff zu und probierte. Sofort wurden die beiden „gewahr, dass sie nackt waren", und sie „flochten Feigenblätter zusammen und machten sich Schurze". Gottes Strafe folgte auf den Fuß: Um weiteres eigenmächtiges Handeln der beiden zu verhindern, warf er sie aus dem Garten Eden hinaus. Rückkehr ausgeschlossen. Streng bewachen Engel das Tor.

Die Strafe für den sogenannten „Sündenfall" ist ein Leben jenseits des Paradieses. Es eröffnet neue und für Adam wie Eva ungeahnte Perspektiven, Chancen und Erfahrungen. Eltern zu sein war bis dahin nur eine theoretische Möglichkeit. Nun wird sie Realität. Das Verlangen der Frau nach dem Mann werde wachsen, hatte Gott angekündigt. Das ist schwerlich anders zu interpretieren denn als deutliche Aufforderung, nun doch endlich mal den Fruchtbarkeitsauftrag ernst zu nehmen. Und für Adam war es ein Hinweis darauf, dass er demnächst Vater wird. Was mag er gedacht haben angesichts der mühevollen Geburt, die Gott Eva angekündigt hatte? Konnte er sich überhaupt vorstellen, was diese neue Lebensrolle für ihn bedeuten wird:

Kindern ein Vater zu sein und „mit Mühsal" arbeiten zu müssen, um die Familie zu ernähren?

Es kommt, wie Gott es vorhergesagt hat. Kaum ist das Paar aus dem Paradies vertrieben, kaum haben die beiden die erste Erfahrung der Scham gemacht – da erwacht die Lust. „Adam erkannte seine Frau Eva, und sie ward schwanger" (1. Mose 4,1). Adam wird Vater. Kain („Schmied") ist der erstgeborene Mensch der Welt, gleichzeitig der erste Sohn. Das schamvolle junge Elternpaar „erkennt" sich abermals, Adam wird zum zweiten Mal Vater. Wieder ein Sohn, Abel („Hauch") ist sein Name.

„Vater werden ist nicht schwer – Vater sein dagegen sehr." Der Volksmund ist hier lebensklüger als die erste Vatergeschichte der Bibel. Nichts berichtet die biblische Urgeschichte darüber, wie Adam seine Vaterschaft wahrnahm. Als erstem Vater der Welt fehlte ihm jedes Vorbild. Was aber macht ein Vater mit seiner gebärenden Frau und dem Neugeborenen in Zeiten ohne Hebammen und Geburtsvorbereitungskurse? Wie geht er später mit dem Kind um? Wie verhielt sich Adam gegenüber Eva, der Mutter, seiner Frau? Wie gewichtete er seine Arbeit auf dem Acker und seine Berufung als Vater?

Stopp. Die Paradiesgeschichte sei doch keine historische Erzählung, sagen viele. Die Geschichte der Entstehung der Welt und der Erschaffung der Menschen sei doch nicht mehr – und nicht weniger! – als ein Versuch, das Leben zu erklären. Die Menschen in frühen Zeiten haben das Leben als mühsam empfunden.

Sie mussten sich mit Ungerechtigkeit und Gewalt, mit Neid und Mord, mit Leben und Tod, Gut und Böse auseinandersetzen. Fragen tauchten auf: Wie ist alles entstanden, wer hat es erschaffen? Weshalb ist da diese Spannung zwischen Männern und Frauen? Warum tun sich Menschen, sogar Geschwister, Gewalt an? Und wenn Gott es gut meinte mit den Menschen – wieso verhalten sie sich dann manchmal so unvernünftig, warum verstoßen sie gegen die Gebote Gottes, ihres Schöpfers?

Bibelforscher sind zu dem Schluss gekommen: Die Schöpfungsgeschichte ist ein nachträglicher Versuch, diese Lebenswirklichkeit zu erklären, ihr ein unhinterfragbares religiöses Fundament zu geben. Wer sie genau liest, erkennt sogar zwei unterschiedliche Weltentstehungsvarianten. Sie geben zwei Erklärungen, warum Mann und Frau, und damit auch Mutter und Vater, aufeinander bezogen sind.

Der älteren Erzählung zufolge (1. Mose 2,4b–25) erschuf Gott zunächst Adam, den Mann. Nach einiger Zeit sagte Gott sich: „Es ist nicht gut, dass der Mensch allein sei; ich will ihm eine Gehilfin machen, die um ihn sei" (1. Mose 2,18). In nächtlicher Kreativität formte Gott aus einer Rippe Adams Eva, sein Weib. „Das ist doch Bein von meinem Bein und Fleisch von meinem Fleisch", freute sich Adam, nachdem er aus dem Schlaf erwacht war. Dieser Schöpfungsgeschichte zufolge ist der Mann der Ersterschaffene, die Frau die Zweite. Eine Reihenfolge mit verheerender Wirkungsgeschichte. Auf sie berufen sich bis heute all jene Patriarchen, die die

Männer als Krone der Schöpfung und als Herr über die Frau betracht(et)en. Diejenigen, die eine Begründung dafür suchen, dass sich die Frau dem Mann unterzuordnen habe: als Gehilfin, als Gespielin, als Magd. Ein gleichberechtigtes Miteinander von Mann und Frau ist so nicht möglich. Im Namen des unverheirateten und kinderlosen Apostels Paulus wurde diesem Konstrukt gar theologische Würde verliehen (1. Timotheus 2,11–15): „Einer Frau gestatte ich nicht, dass sie lehre … sondern sie sei still." Die Begründung: „Denn Adam wurde zuerst gemacht, dann Eva. Und Adam wurde nicht verführt, die Frau aber hat sich zur Übertretung verführen lassen." Deshalb sei die Frau hauptsächlich für eines geschaffen: „Sie wird aber selig werden dadurch, dass sie Kinder zur Welt bringt."

Männer, die sich und ihre Beziehung zur Frau so verstehen, übertragen dies oft auch auf ihr Vatersein. Sie fühlen sich dann als Familienoberhaupt, das die letzte Entscheidungsmacht für sich beansprucht. Frauen sind für sie Gehilfinnen, um den Vermehrungsauftrag erfüllen zu können. Die Frau soll sich um „die Brut" kümmern, wie manche Männer despektierlich ihre Kinder nennen. Dieser Rollenverteilung nach sind Frauen für „Kinder, Küche, Kirche" zuständig. Drei Begriffe, die in dieser Macho-Terminologie einen minderwertigen Beigeschmack bekommen. Ein ganzer Kosmos männlicher Selbstherrlichkeit spiegelt sich darin. Als ob Kindererziehung nur eine Pflegetätigkeit wäre. Als ob das Kochen und Versorgen lediglich eine hauswirtschaftliche Arbeit wäre. Gerade im letzten der drei „K"s zeigt sich die unselige Selbstüberheblichkeit patriarchalen Denkens: Als ob der Glaube, als ob Spiritualität nur Sache von Frauen wäre! In Deutschland haben sich Väter mit solchen Ansichten lange selbst ins Abseits gekickt und sich wesentlicher Lebenserfahrungen beraubt. Sie haben ihre Kinder nicht gewickelt und getröstet; sie haben sie nicht gefüttert und versorgt; sie haben sich nicht mit ihnen gemeinsam der Frage nach Gott ausgesetzt, haben weder Glaube noch Zweifel geteilt. Vaterschaft bedeutete für sie Abstand und Autorität. Unzählige Kinder leiden unter der Sprachlosigkeit, die diese Art von Vaterschaft mit sich bringt. Aber nicht nur die Kinder: Auch die Väter selbst leiden unter ihrer eigenen Härte. Denn sie verhindert ein beidseitiges Kennenlernen. Und sie macht Seelennähe unmöglich.

Ganz andere Perspektiven ergeben sich aus der anderen biblischen Erzählung von der Erschaffung der Menschen (1. Mose 1,1 – 2,4a). Ihr zufolge schuf Gott „den Menschen zu seinem Bilde, zum Bilde Gottes schuf er ihn; und schuf sie als Mann und Frau" (1. Mose 1,27). Mann und Frau zusammen – und nur zusammen! – sind ein Abbild Gottes. Hier ist nichts von Vor- und Unterordnung zu spüren, auch nichts von „Macher" und „Gehilfin". Ebenso fehlt die menschelnde Vorstellung, Gott habe quasi aus Langeweile Menschen geformt. Diese Schöpfungsgeschichte erlaubt andere und fantasievollere Deutungen. Vielleicht wollte Gott sich selbst in die Schöpfung begeben, von der er sah, „dass sie gut war"? Vielleicht hat er deshalb ein Abbild seiner selbst erschaffen? Und womöglich ist es ein Akt großer Weisheit, dass er sich in zwei unterschiedlichen Geschlechtern verkörpert, als Mann und als Frau? Die Gottesbilder der Bibel tragen beides in sich: Mal wird Gott als „Vater" bezeichnet; mal tröstet er wie eine Mutter. Ein Gottesbild, das Gott nur als alten Mann mit weißem Bart darstellt, ist demnach viel zu einseitig und biblisch nicht herzuleiten. Gott ist nicht „der" und nicht „die" – sondern nur beides zusammen. Oder, anders und vielleicht der menschlichen Vorstellung angemessener: Gott ist mal Mann, mal Frau, hat mal männliche, mal weibliche Eigenschaften, ist Kämpfer und Trösterin, Trutz und Schutz, bietet die starke Schulter und den warmen Schoß. Gott ist Beziehungsgeschehen, Gott ist in Bewegung.

Männer, die ihren Glauben an dieser Schöpfungsgeschichte orientieren, sind vor Überheblichkeit Frauen gegenüber womöglich gefeit. Wenn sie Väter sind, bemühen sie sich darum, die Elternschaft gemeinsam und gleichberechtigt mit der Mutter auszuüben. Denn sie wissen: Gottes Ansinnen ist es, dass Mutter und Vater gemeinsam ihre Kinder großziehen und prägen, je nach den eigenen Fähigkeiten und Eigenheiten. Die Polarität zwischen ihren Eltern tut Kindern gut, denn sie nimmt sie hinein in ein schöpferisches Beziehungsgeschehen. Ja, es gibt Rituale und Formen – aber keine starren Konventionen und Festlegungen. Kommunikation ersetzt Anweisungen. Familien, die sich an diesem Modell ausrichten, versuchen, respektvoll miteinander umzugehen. Gelingt es, dann ehren die Kinder ihre Eltern nicht, weil es in den Zehn Geboten so gefordert wird, sondern weil es ihnen ein natürliches Bedürfnis ist. Dann betrachten Eltern ihre Kinder nicht als Wesen, die Zucht und Ordnung zu lernen haben, sondern als eigenständige Menschen mit eigenen Talenten und Bedürfnissen.

Welchem Modell Adam während seiner Vaterzeit anhing, lässt die biblische Urgeschichte im Dunkeln. Ebenso bleibt es im Bereich der Spekulation, wie Adam sich seinen Söhnen gegenüber verhalten hat. In jedem Fall hatte er einiges zu ertragen. Zu Beginn der ersten Familiengeschichte der Menschheit wird Adam zum Erzeuger degradiert. Er zeugt zwei Kinder, die Eva gebiert. Kein Wort darüber, wie Adam seinen Kindern begegnet. Keine Silbe darüber, wie er mit dem Mord Kains an Abel umgeht. Gefühle bleiben außen vor: Hat er Kain gehasst für die Tat? Wie hat er um Abel getrauert? Haben sich Adam und Eva gegenseitig getröstet? Wie?

Der biblische Bericht überlässt die Erziehungsaufgabe an Kain seinem Schöpfer. Gott redet Kain ins Gewissen, Gott verhängt eine Strafe und macht dem Brudermörder die Konsequenzen seines Tuns bewusst. Eine besteht darin, dass Kain ins Land Nod zieht, also Vater und Mutter verlässt.

Adam und Eva sind wieder kinderlos. Einen Sohn mussten sie zu Grabe tragen, den anderen hat es in die Ferne verschlagen. Was sie tun, wirkt fast wie eine verzweifelte Suche nach Ersatz: Wieder „erkennt" Adam „seine Frau", der dritte Sohn wird geboren. Eva – nicht Adam! – bestimmt seinen Namen: Set.

Außer Zeugung nichts gewesen mit Vater Adam?

Fest steht: Die Geschichte vom Paradies und vom Sündenfall wurde nicht überliefert, um etwas von Adams
Vaterschaft zu erzählen. Ihr geht es um das grundle-
gende Verhältnis von Mann und Frau und um die
Erfahrung, dass Kinder ihre Eltern verlassen. Werden
Frauen in der Neuzeit hin und wieder als „Gebärma-
schinen" bezeichnet, so entsteht am Beginn der Bibel
vom Mann der Eindruck, er sei eine reine Zeugungs-
maschine gewesen, der ansonsten im Schweiße seines
Angesichts dem Ackerboden Nahrung abgerungen hat
und über seine Frau „herrschte".

Dennoch sind die ersten Kapitel der Bibel auch für das
Verständnis von Vaterschaft ergiebig, und zwar in zweierlei Hinsicht.

Zum einen: Gott erteilte Adam eine Lektion in
Sachen männliches Selbstbewusstsein. „Wo bist du?",
rief Gott durch den Garten Eden, nachdem Adam von
der verbotenen Frucht gegessen hatte. „Ich bin nackt,
darum verstecke ich mich", antwortete der Ertappte. Die
Schuld schiebt Adam auf Eva – und letztlich auf Gott:
„Die Frau, die du mir zugesellt hast, gab mir von dem
Baum, und ich aß." Adam weist jede Verantwortung
von sich. Das ist der Beginn eines Schuldverschiebe-
Rituals, das bis heute besonders unter Männern greift
(1. Mose 3,8–13) Doch die Bibel führt mit dieser
Geschichte nicht nur Adam vor. Sachlich beschreibt sie,
wie Männer sich ihrer eigenen Wahrheit verweigern.
Die bildliche Vorstellung ist fast erbärmlich und wurde
von vielen Malern auf Leinwand gebannt: Der äußerlich
kerlige Adam macht die Memme. Er steht nicht zu dem,

was er getan hat. Er verfällt der Versuchung, jemand anderen verantwortlich für das eigene Fehlverhalten zu machen. Er macht die Frau zum Sündenbock für die eigene Fehlbarkeit. Vielleicht enthält diese Geschichte keine Anklage, sondern eine Botschaft für die Männer und damit auch Väter der Welt: „Es nützt nichts, wenn ihr euch versteckt. Es bringt nichts, wenn ihr Verantwortung von euch wegschiebt. Ihr seid stark erschaffen – also benehmt euch nicht wie Kinder, sondern steht zu eurem Versagen wie zu eurem Gelingen!"

Die zweite Botschaft der Geschichte lautet: Es gibt kein Zurück. Die Paradiestore bleiben für immer verschlossen. Vaterschaft gibt es nur außerhalb des Paradieses. Dessen Tore sind schwer bewacht von „Cherubim mit dem flammenden, blitzenden Schwert" (1. Mose 3,24). Vatersein ist kein paradiesischer Zustand – so sehr dies immer wieder behauptet wird. In manchen Elternzeitschriften etwa und in Büchern. Da sind lieb lächelnde, dabei sehr männlich aussehende Väter zu sehen, die völlig losgelöst von ihren Alltagssorgen oder ihrem Beruf mit den Kindern raufen, kuscheln oder frühstücken. Energiegeladene Mittdreißiger mit prächtigem Teint und gut gekleidet, gekämmt und rasiert. Attraktive Männer mit Babys auf dem Arm, die scheinbar nie das berüchtigte und fleckenbringende Bäuerchen machen, sondern ihre Väter versonnen anhimmeln. Ach, wär' es doch so, wünscht sich mancher Vater in der realen Welt. Ach, gäbe es doch so ein Vaterparadies: Wo Kinder nicht quengeln und zahnen, außerdem durchschlafen und nie krank werden. Wo es im Beruf dermaßen relaxed zugeht, dass zum Feierabend noch alle Energie für die Kinder übrig ist. Wo Kinder weder Trotzphasen noch Pubertätskrisen durchleben, sondern stets mit bester Laune und großer Offenheit ihren Vätern begegnen. Das gesamte Genre der Elternratgeber und Väterbücher lebt von der Sehnsucht nach dem Vaterparadies – und suggeriert, den Weg dorthin zu kennen. Da werden Superväter vorgestellt, die sich nicht nur um ihre Kinder, sondern auch noch um ihre Frauen reizend, aber mit dem nötigen maskulinen Touch kümmern. Männer ohne Ringe unter den Augen oder um die Hüfte, versteht sich. Auf manchem Foto wirkt es gar, als würden sie ihre Nachkommen lässig als Stemmgewichte nutzen. Das Kinderzimmer als Fitness-Raum, prächtig praktisch. Werbung für Margarine, Kaffee und Versicherungen karikiert dieses irdische Väterparadies vollends. So, dass es zu schön scheint, um wahr zu sein, und sich auch die romantischsten Zuschauer bange eingestehen: So viel Harmonie tut weh.

Und plötzlich erhält die biblische Urgeschichte einen ganz lebenspraktischen Sinn: Es gibt kein solches Zurück ins Paradies. Das Tor steht nicht offen, sondern ist geschlossen, für alle Zeit. Väter können nur in der Wirklichkeit ihren Mann stehen. Dazu gehören Glücksgefühle und Mühsal, erfüllte Tage und durchwachte Nächte, Lebenskraft und Erschöpfung, Lust und Genervtsein, Streit und Versöhnung. Die ganze Gefühlspalette eben, die das Leben lebenswert macht. Wer dieses unberechenbare Auf und Ab von leichten und schweren Zeiten zu schätzen lernt, lernt auch die Wirklichkeit zu schätzen. Für ihn verliert das Paradies an Reiz. Der Garten Eden wird zum Ort ewiger

Langeweile. Ein Blick in die Kulturgeschichte des Paradieses illustriert das: Mittelalterliche Theologen errechneten für den Garten Eden eine stets gleichbleibende angenehme Temperatur von 22,7 Grad. Kein Schwitzen und keine Gänsehaut, kein Aufwärmen und kein Abkühlen, kein heiß und kalt. Nur lau.

Vielleicht verbindet dies den Traum von einem Väterparadies mit anderen Sehnsuchtsorten: Sollte man sie tatsächlich erreichen, will man sofort wieder weg, zurück in die Wirklichkeit. In der lässt es sich nicht ewig, aber ganz schön lange leben: Adam brachte es auf 930 Jahre. Und bekam mit seiner Frau Eva noch viele weitere Söhne und Töchter, wie der biblische Stammbaum berichtet. Ein Zeichen dafür, dass er mit seiner Rolle als Vater ganz zufrieden war?

Noah
Der Retter erliegt dem Alkohol

Noah? Klar, da geht's um die Arche und um die Sintflut. Um einen zornigen Gott und um die wenigen Lebewesen, die überleben dürfen. Die gesamte Menschheit stammt demnach von Noah ab. Er ist der eigentliche Stammvater der Menschheit (1. Mose 7,1 − 9,28).

Die Geschichte von Noah lässt sich aber auch ganz anders lesen: als nahezu archetypische Schilderung eines einsamen Mannes. *Noah und das Schweigen der Männer* könnte sie überschrieben sein. Was er wann und was er nicht sagt, wird in der Betrachtung seiner Geschichte meist nicht berücksichtigt.

Als frommen, untadeligen Mann stellt die Bibel ihn vor: „Er wandelte mit Gott." Sein Vater Lamech sprach bei der Geburt Noahs: „Der wird uns trösten in unserer Mühe und Arbeit auf dem Acker, den der Herr verflucht hat." Im stolzen Alter von 500 Jahren zeugte Noah drei Söhne: Sem, Ham und Jafet. Der Name seiner Frau wird nicht erwähnt − gibt es einen deutlicheren Hinweis darauf, dass die Bibel in einer patriarchalen Gesellschaft verfasst wurde?

Noah schweigt

Die eigentliche Geschichte Noahs beginnt mit einer Einsicht Gottes: „Die Erde war verderbt und voller Frevel", erkannte er und fasste einen schweren Entschluss: Alles Leben wollte er vernichten. Nein, nicht ganz: Jede Tierart sollte paarweise überleben, ebenso die Menschen in Gestalt der Familie Noahs. Der wird aufgefordert, ein Schiff – die Arche – zu bauen. Auf ihm sollen die Lebewesen die bevorstehende vernichtende Sintflut überstehen.

Noahs erstes Schweigen: Gott hatte Noah offensichtlich zu seinem engsten Vertrauten unter den Menschen erkoren. Nur ihm hatte er seinen weitreichenden Vernichtungsplan offenbart (1. Mose 7,9–22).

Doch auffallend ist: Noah zeigt nicht die geringste Regung. Er versucht nicht, Gott davon zu überzeugen, dass die Menschheit vielleicht doch nicht ganz so schlecht sein könnte. Oder davon, dass es auch andere, nicht ganz so weitreichende Maßnahmen geben könnte. Bedeutet Frommsein etwa, keinen Einspruch zu erheben und mit Gott nicht zu hadern und zu rechten? Ist Noah so gefühllos, dass ihm der Tod der Menschheit egal ist? Oder ist er ein ganz und gar eigennütziger Vater, der sich nur freut, dass seine Söhne und seine Frau gerettet werden?

Die Geschichte geht weiter. Gott gibt Noah genaue Anweisungen, die wie ein Bauplan klingen: „Mache dir einen Kasten von Tannenholz und mache Kammern darin und verpiche ihn mit Pech innen und außen ..." Drei Stockwerke hoch soll die Arche werden, die Lage von Tür und Fenster ist genau vorgegeben.

Noahs zweites Schweigen: „Noah tat alles, was ihm der Herr gebot", heißt es lapidar. Geäußert hat er sich auch zu diesem Auftrag Gottes nicht. Und dabei war der Bau der Arche wahrlich keine Arbeit für den Hobbykeller: Ein riesiges Schiff sollte entstehen. Dazu musste Holz herangeschafft und verarbeitet werden. Doch Noah sagt nichts. Als stiller Arbeiter scheint er wie der Prototyp manch eines modernen Heimwerkers. Niemanden weiht er in seine Pläne ein. Ob er wenigstens geantwortet hat, wenn seine Frau und seine Söhne ihn gefragt haben, was er da tue? Vater Noah will seine Familie retten. Er möchte seine Söhne vor den Fluten bewahren. Vielleicht hat ihm das die Energie gegeben, dieses Großprojekt zu vollenden?

Rechtzeitig stellte Noah das Schiff fertig; „und er ging in die Arche mit seinen Söhnen, seiner Frau und den Frauen seiner Söhne vor den Wassern der Sintflut". Klassische Künstler und Kinderbibelillustratoren zeigen dieses Bild als romantischen Brückengang: Elefanten neben Tausendfüßlern, Löwen neben Rehen. Als alle an Bord sind, beginnt der Regen. Wasser, überall Wasser. 150 Tage lang. Die letzten Überlebenden der Erde befinden sich auf Noahs Arche. Schließlich hört es auf zu regnen, das Wasser läuft langsam ab. Die Arche läuft auf Grund und bleibt am Berg Ararat hängen. Noah wird aktiv: Er öffnet das Fenster und lässt eine Taube fliegen. Wenn sie etwas Grünes zurückbringt, so denkt er, sei das ein Zeichen dafür, dass die Wassermassen die Erde wieder freigegeben haben. So kam es dann auch – und „Noah ging heraus mit seinen Söhnen und mit seiner Frau und den Frauen seiner Söhne" (1. Mose 8,18).

Noahs drittes Schweigen: Künstler malen diesen Moment meist als grün-blaue Farbsymphonie: Die Erde blüht wieder, der Himmel lacht wolkenlos, alles ist gut, und irgendwo in der Ferne wölbt sich ein Regenbogen schützend über die Erde. Wer sich an die Bilder nach dem Tsunami im Winter 2004 erinnert, bekommt eine realistischere Vorstellung von dem, was Noah und seine Familie gesehen haben könnten: katastrophale Zerstörungen, gestrandete Menschen- und Tierkadaver. Und Noah? Schweigt. Kein Freudenschrei eines Überlebenden, der seine Schäfchen – seine Familie – ins Trockene gebracht hat. Keine große Klage über diesen willkürlichen und grausamen Gott. Stattdessen vollzieht Noah ein Ritual der Dankbarkeit. Er baut einen Altar und opferte Tiere. Gott „roch den lieblichen Geruch", der sein Herz erwärmte und zu einem neuen Bundesschluss mit Noah und der Menschheit führte: „Solange die Erde steht, soll nicht aufhören Saat und Ernte, Frost und Hitze, Sommer und Winter, Tag und Nacht", versprach Gott (1. Mose 8,22).

Das schweigend-spirituelle Dankeschön Noahs wirft Fragen auf. Sind Religion und Kult die nonverbale

Sprache, die Männer den Worten vorziehen? Sind deshalb in biblischen Zeiten nur noch Männer Priester gewesen und haben die Frauen aus diesem Amt gedrängt? Vielleicht war es so: Noah, der schweigsame Eigenbrötler und Handwerker, fand in den Ritualen des Glaubens ein Ventil, um seine Gefühle mitzuteilen. Der schweigende Vater Noah erleichterte seine Seele, indem er die rituellen Angebote des Glaubens nutzte, statt große Reden zu schwingen.

Für ihn wird das Entspannung gebracht haben. Was seine Söhne über den schweigsamen Vater gedacht und was sie gefühlt haben, bleibt unbekannt. Doch in der nächsten Szene der Noah-Geschichte bringen sie ihn auf verstörende Weise zum Reden.

Alkohol

Ein „Ackermann" war Noah, schreibt die Bibel. Eine gute Voraussetzung, um auf der durchnässten Erde wieder etwas Essbares anbauen zu können. Noah hätte Getreide säen, Datteln ernten oder andere Früchte anbauen können. Doch was tat er? Er pflanzte einen Weinberg (1. Mose 9,20).

Schon im neunten Kapitel der Bibel kommt Alkohol ins Spiel der Schöpfung. Später loben viele Schriften den Wein. Er „erfreue des Menschen Herz", behauptet etwa der Psalmist (Psalm 104,15). Der Weise Ben Sirach mutmaßt über den Sinn des Weines: „Er ist geschaffen, dass er die Menschen fröhlich machen soll" (Sirach 31,34). In biblischen Zeiten wurde offensichtlich gerne über den Durst getrunken, sonst hätte der biblische Weise nicht gemahnt: „Sei kein Held beim Weinsaufen; denn der Wein bringt viele Leute um" (Sirach 31,30). Gefahr und Verheißung liegen beim Thema Alkohol dicht beieinander. Wenn der Prophet Joel in die Endzeit blickte, sah er, dass „die Berge von süßem Wein triefen" (Joel 4,18). Das Paradies wäre demnach voll nimmer versiegender Weinquellen.

Davon träumte vielleicht auch Noah, als er sich sein eigenes kleines Weinparadies pflanzte. Kühn überspringt die Erzählung einige Jahre und führt den einst so verantwortungsvollen und gottesfürchtigen Noah im Vollrausch vor (1. Mose 9,20–27): „Da er von dem Wein trank, ward er trunken und lag im Zelt aufgedeckt." Ham, der jüngste der drei Söhne, mit denen er offenbar noch immer zusammenlebt, entdeckt seinen Vater in diesem Zustand. Notgedrungen sieht er auch „seines Vaters Blöße". Die eigenen Eltern nackt zu sehen ist bis heute hochgradig schambesetzt. Ham verlässt den Raum und erzählt seinen Brüdern davon. Die drei beratschlagen, was zu tun sei. Sem und Jafet ersinnen einen taktvollen Plan. Sie nehmen ein Stück Stoff, gehen damit rückwärts in den Raum, in dem ihr betrunkener Vater liegt, und decken seine Blöße zu – ohne hinzuschauen.

Noah schläft seinen Rausch aus. Als er erwacht, erfährt er, was geschehen ist. Ist es Scham, die ihn zu seiner barschen Reaktion treibt, ist es Jähzorn oder der Restalkohol? Als Noah erfährt, dass Ham ihn nackt gesehen hat, bricht er sein Schweigen. Seine Verbalattacke wendet sich gegen Ham und dessen Sohn

Kanaan: „Verflucht sei Kanaan und sei seinen Brüdern ein Knecht aller Knechte!", platzt es aus Noah heraus, als sei endlich das Ventil der Sprachlosigkeit geöffnet. Danach segnet er seine anderen beiden Söhne.

Wahrlich skurril, diese Geschichte. Auf zwei Arten lässt sie sich lesen. Die erste ist eine religionswissenschaftliche: Oftmals finden sich in der Bibel Geschichten, die im Nachhinein gewisse Zustände rechtfertigen oder deren Entstehung legendenhaft begründen. „Ätiologische Sagen" lautet der theologische Fachbegriff dafür. Wie ist die Welt entstanden, fragten sich die Menschen – die Schöpfungsgeschichte gibt Antwort. Weshalb geht es den Menschen nicht paradiesisch gut? Die Antwort findet sich in der Geschichte vom Sündenfall. Wieso gibt es verschiedene Völker und Sprachen? Die Erzählung vom Turmbau zu Babel gibt eine Begründung. Diese Geschichten haben nicht den Anspruch, historische Begebenheiten zu referieren. Fundamentalistische Christen, die den Garten Eden kartografisch verorten möchten oder die archäologischen Überreste der Turmbaustelle suchen und damit beweisen möchten, dass die Bibel „doch" Recht habe, verkennen den eigentlichen Sinn dieser Erzählungen. In diesen Kreisen sind übrigens auch immer wieder Menschen unterwegs, die am Berg Ararat in regelmäßigen Abständen die vermeintlichen versteinerten Holzbalken der Arche finden.

Die Geschichte vom betrunkenen Noah und seinen Söhnen gehört in diese Kategorie der „ätiologischen Sagen". Sie möchte die Knechtschaft, die Unterdrückung der Kanaanäer erklären, unter der das Volk litt, das im Gebiet des heutigen Israel/Palästina lebte, als israelitische Stämme es mehr oder weniger friedlich eroberten. Denn wenn die Sintflut alle Menschen außer Noah und seinen Söhnen vernichtet hatte – dann müssen alle Nachgeborenen von ihnen stammen. Warum gibt es dann Unterschiede zwischen Völkern? Weil der Vater des Kanaan gesündigt hatte.

Worin denn diese Sünde bestanden habe, haben sich Bibelausleger weiter gefragt. Der Ausdruck „Blöße" könne darauf hindeuten, dass Ham sexuelle Handlungen an seinem Vater vorgenommen habe, meinen einige. Andere denken, Ham habe seine Brüder nicht besorgt ins Vertrauen gezogen, sondern sich über seinen nackten, betrunkenen Vater lustig gemacht.

Diese Interpretationen führen zur zweiten Art, den Text zu verstehen. Man kann ihn nämlich auch daraufhin untersuchen, welche menschlichen Lebenserfahrungen er spiegelt. Gerade zum Thema Väter ist hier viel zu entdecken: Zeitlos scheint das Thema Alkohol zu sein – und gleichzeitig erschreckend aktuell. Alkohol lockert die Zunge und bringt auch schweigende Väter zum Reden. Allerdings viel zu oft in einer ganz und gar destruktiven Weise. Das wussten wohl auch die Autoren der Noah-Erzählung. Noahs angestaute Gefühle entladen sich im Rausch oder infolge des anschließenden Katers. Ihm ist es nicht gelungen, gegenüber seinen Söhnen die väterliche Fassade aufrechtzuerhalten. Der starke, vorbildliche Noah, der die Menschheit gerettet hat, liegt nun wehrlos und erbärmlich vor seinen Söhnen.

Damals wie heute gleichen sich aber auch die Ängste Alkoholkranker. Nichts wünschen sie sich so sehr wie die Gelegenheit, sich aus der als belastend empfundenen Wirklichkeit wegzutrinken. Und für nichts schämen sie sich mehr als dafür, von engen Angehörigen in diesem Zustand erkannt zu werden. Geschieht dies doch, kommt es nicht selten zu ungebremsten Aggressionsausbrüchen.

Heute ist Alkohol die Volksdroge Nummer eins, allein in Deutschland sind mehr als sechs Millionen Menschen betroffen. Kinder in Alkoholikerfamilien erfahren besonderes Leid, weil sie den suchttypischen Verhaltensmustern ihrer Eltern ungeschützt ausgesetzt sind. Sie wachsen in einem kranken System des Leugnens, der Verwirrung und der Gewalt auf. Sie werden die Geschichte des alkoholisierten und ungerechten Vaters Noah sehr gut nachvollziehen können. Seine schweigsame Rettungsaktion der Welt hatte im Desaster geendet.

Therapeuten verweisen oft auf den Zusammenhang von unerfüllter Sehnsucht und Sucht. Vielleicht hätten sie den auch in Noahs Vita entdeckt: Die Sehnsucht nach einem harmonischen, gottbegnadetem Leben hatte ihn in die Sucht getrieben. Aus therapeutischer Sicht lohnt es auch, die Verhaltensmuster der Söhne zu betrachten, und zwar unter dem Aspekt der „Co-Abhängigkeit". Sie besagt, dass die engsten Angehörigen eines Alkoholkranken in der Gefahr stehen, dessen Sucht unbewusst zu unterstützen. Zum Beispiel dadurch, dass sie sie geheim halten oder ihn in Schutz nehmen. So gesehen haben Sem und Jafet durch das

Bedecken taktvoll Noahs Selbstbild geschützt. Ham hingegen hat sich nicht gescheut, das Delirium anzuschauen, egal ob der alkoholkranke Noah sich dessen schämt oder nicht.

So viel steht fest: Unter dem Regenbogen, der als Zeichen für den neuen Bund Gottes mit den Menschen im Himmel steht, bleibt es spannend. Auch für Väter und Söhne.

Abraham

Ein Patriarch übt Patchwork

Wie kann es sein, dass ein Flüchtling, der aus religiösen Gründen fast seinen Sohn getötet hätte, bis heute von Juden, Christen und Muslimen als „Stammvater" verehrt wird? Abrahams Geschichte ist so voller Dramatik und Happyends wie voller Väter und Söhne. Sie ruft Empörung und Widerwillen hervor, aber auch Achtung und Respekt. Wer Abrahams Geschichte erzählt, beginnt meist mit dem Auftrag, den Gott ihm eines Tages erteilte – zunächst lautete er so: „Geh aus deinem Vaterland und von deiner Verwandtschaft und aus deines Vaters Hause in ein Land, das ich dir zeigen will" (1. Mose 12,1). Gott verhieß Abraham allergrößte Vaterehren und versprach, er wolle ihn „zum großen Volk machen", außerdem sollten all seine Nachkommen gesegnet sein. Abrahams Gehorsam wird oft gelobt, denn er brach sogleich auf, und die hervorgehobene Stellung, die ihm Gott zumutete, schreckte ihn offenbar nicht. Der Apostel Paulus erklärte Abraham später sogar zum Vorbild, indem er betonte: „Der ist unser aller Vater" (Römer 4,16). Und wer glaube, der werde „gesegnet mit dem gläubigen Abraham".

Zwei Dinge blendet dieser traditionell religiös betonte Blick auf Abraham aus. Denn einerseits waren es tatsächlich wohl weniger Glaubensgründe als konkrete wirtschaftliche Not, die Abraham und seine Sippe aus dem Osten in das fruchtbare Kanaan trieb – in unserer Zeit würden ihm die Asylbehörden den Stempel „Wirtschaftsnomade" verpassen. Millionen Menschen machen sich heute weltweit auf, um aus ihren armen Heimatländern in wohlhabendere Gegenden zu ziehen. Erreichen sie das Ziel ihrer Reise, hält sich die Gastfreundlichkeit ihnen gegenüber meist in Grenzen. Als Sozialschmarotzer und Bedrohung werden sie angesehen, sie könnten ja den Wohlstand ihres neuen Heimatlandes mindern! So gesehen ist die biblische Abrahamgeschichte arg romantisiert und nachträglich religiös überhöht worden.

Zum anderen wird oft vergessen: Auch der „Stammvater" Abraham war zunächst einmal selbst Sohn. Seine Geschichte begann nicht im familiären Niemandsland – von Adam unterscheidet ihn, dass er einen irdischen Vater hatte. Sein Vater Terach lebte mit der Familie in Ur in Chaldäa.

Zunächst sah alles nach einem durchschnittlichen Leben aus. Abram (so hieß er damals noch) heiratete eine Frau namens Sarai. Doch „sie war unfruchtbar und hatte kein Kind" (1. Mose 11,30). Diese lapidare Äußerung der Bibel täuscht leicht darüber hinweg, dass Kinderlosigkeit damals als Schmach galt, als Unglück und als göttliche Strafe. Denn nicht zuletzt waren Kinder der Garant für einen gesicherten Lebensabend. Als Abrams Bruder Haran starb, wurde die Familiensituation in Ur zusätzlich belastet.

Abram wird gemischte Gefühle gehabt haben, als sein Vater Terach ihn und die Sippe zum Aufbruch rief. Auch für ihn war – wie später für die aus Ägypten geflohenen Israeliten – Kanaan der Sehnsuchtsort, das „gelobte Land". Im Gegensatz zum trockenen Mittleren Osten gab es im Gebiet des heutigen Palästina/Israel viele fruchtbare Landstriche, die ertragreiche Viehwirtschaft ermöglichten. In einer Karawane zog die Familie los: Vater Terach, Abram mit seine Frau Sarai und Lot, der Sohn des verstorbenen zweiten Bruders. Der Weg führte sie zunächst nach Norden ins Gebiet des heutigen Armenien. In dem Ort Haran pausierten sie. Hier musste Abram sich für immer von seinem Vater verabschieden. 205 Jahre war Terach alt, als er starb, berichtet die Bibel.

Trotz aller kulturellen und zeitlichen Unterschiede: Der Tod des Vaters bedeutet für Söhne heute wie damals oft die Kappung einer Lebenswurzel. Was zwischen Vätern und Kindern gesagt wurde, bleibt im Raum stehen, versöhnlich oder im Streit. Was zu Lebzeiten verschwiegen wurde, belastet die Seele weiter. In Trauerzeiten ist sie meist offener für spirituelle Erfahrungen als sonst. Es ist, als erlaube der verstorbene nahestehende Mensch dem Hinterbliebenen einen Blick in die andere Wirklichkeit, in die er vorangegangen ist. Als öffne sich der Vorhang zwischen der irdischen und der himmlischen Welt. Viele Trauernde berichten von intensiven

Träumen und von einer besonderen Sensibilität für religiöse Bilder. Trauerzeiten sind auch Gebetszeiten – ein Phänomen, das sich bei Menschen aller Religionen zeigt. Fragen tauchen auf, die so wesentlich sind, dass Antworten nur einer höheren Macht zugetraut werden: Wo ist der Verstorbene jetzt? Kann ich mit ihm in Verbindung treten? Zu den Fragen kommen Klagen: Das ist doch nicht gerecht, dass mein Vater gestorben ist und ich alleine weiterlebe!

In der Trauer um seinen Vater war wohl auch Abram offen für spirituelle Botschaften. Er hörte die Stimme Gottes. „Geh aus deinem Vaterland …" Psychologen würden erklären: Abram fühlte sich dem Vater gegenüber verpflichtet, dessen Plan fortzuführen. Der Auftrag könnte also seiner um den Vater trauernden Seele entsprungen sein, einer Empfindung, die Abram dann religiös interpretierte. Eine solche Deutung mindert die Kraft des Auftrags nicht. Denn religiöse Erlebnisse sind nicht erschöpfend mit den Methoden der Psychologie zu erklären. Und lassen sich auch nicht einfach als pathologisch abtun. Vielleicht liegt es nur an der religiösen Bildung und Vorerfahrung, ob innere Aufforderungen als Gottes Stimme oder ganz unreligiös als allgemeines Seelenbedürfnis gedeutet werden. Abram jedenfalls deutete den Auftrag als Gottes Wort. Womöglich war das auch eine Art der Trauerarbeit: Abram sollte seinen verstorbenen Vater nun loslassen, hinter sich lassen. Der Preis, den Gott ihm dafür verhieß, schien wohl schon größer als der Abschiedsschmerz. Denn Gott ließ ihn den Blick wieder in die Zukunft richten und setzte dem Verlust des Vaters die Verheißung einer großen

Kinderschar entgegen: „Ich will dich zum großen Volk machen", sagte Gott, „und will dich segnen und dir einen großen Namen machen, und du sollst ein Segen sein" (1. Mose 12,2). Und so ein Versprechen erging ausgerechnet an ihn, Abram, den Kinderlosen!

Abram folgte dem göttlichen Auftrag. Er übernahm die Führung der kleinen Reisegruppe. Mit Sarai und Lot packte er die gemeinsame Habe und machte sich auf den Weg. Abram, der Vaterlose, Sarai, die Kinderlose, und Lot, der nun nach dem Verlust seines Vaters Haran auch noch seinen Großvater betrauerte. Sie erreichten Kanaan, das Ziel ihrer Sehnsucht. Östlich von Bethel schlugen sie ihre Zelte auf. Noch immer waren Abram und Sarai kinderlos. Sollte Gottes Verheißung doch nur Einbildung gewesen sein?

Bis heute stellen sich ungewollt kinderlose Paare die Frage nach dem Grund. Wer ist unfruchtbar – der Mann oder die Frau? Gentechnik und Mikrobiologie geben eindeutige Antworten darauf. In biblischen Zeiten war ungeprüft klar: Wenn eine Frau nicht schwanger wird, ist sie unfruchtbar. Dass ein Mann zeugungsunfähig sein kann, war ein geradezu abseitiger Gedanke. Das hätte ja die Männlichkeit des „starken Geschlechts" in Frage gestellt! Erst recht im Fall von Abram und Sarai. Gott hatte Abram reiche Nachkommenschaft verheißen – nicht Sarai. Da musste sie doch schuld sein und Gottes Plan im Wege stehen! „Sarai gebar ihm kein Kind." Anklagend klingt dieser biblische Satz.

Die beiden fanden eine heute unmoralisch klingende, aber mit Blick auf die Möglichkeiten zu biblischen

Zeiten ziemlich kreative Lösung: Abrams Nachkomme sollte in einer anderen, fruchtbaren Frau reifen. Und so wie er Jahre zuvor auf Gott gehört hatte, „gehorchte" er nun der Stimme seiner Frau, die ihm sagte: „Geh doch zu meiner Magd, ob ich vielleicht durch sie zu einem Sohn komme." Und Abram „ging zu Hagar, die ward schwanger". Mit Hilfe der Ägypterin Hagar, so hoffte Abram, werde er seine Vaterschaft endlich verwirklichen können (1. Mose 16).

Viele Kreative haben sich diesen Zeugungsakt später in bunten Farben ausgemalt, bildende Künstler wie Literaten. Die kanadische Schriftstellerin Margaret Atwood verlegte die Szene in die Zukunft: In einem erdachten religiös-fundamentalistischen Staat namens Gilead müssen sich die nach einer Naturkatastrophe noch fruchtbar gebliebenen Frauen schwängern lassen. Im Beisein der Ehefrauen findet der entwürdigende Geschlechtsakt statt. *Der Report der Magd* – so der Titel des Buches – ist eine verstörende Vision einer Gesellschaft, in der die Männer totalitäre Macht über Frauen ausüben. Aus heutiger Perspektive kann man da nur froh sein, dass die Sitten aus biblischer Zeit sich nicht mehr eins zu eins in unsere Zeit übertragen lassen.

Als Hagars Schwangerschaft sichtbar wird, ist Abram glücklich. An seiner Frau jedoch nagt der Neid: Sie, die unfruchtbare Sarai, muss ertragen, dass ihre Magd vermag, was sie selbst nicht kann. Hagar trägt den Samen Abrams in sich. Sarais Seele reagiert anders, als es in ihrem Plan vorgesehen war. Neid und Eifersucht verbinden sich mit Hilflosigkeit. Ihren Groll behält

Sarai nicht für sich, sondern lädt ihn bei Abram ab. Der werdende Vater muss sich Beschimpfungen anhören. „Das Unrecht, das mir geschieht, komme über dich!", hält Sarai ihm vor. „Ich habe meine Magd dir in die Arme gegeben; nun sie aber sieht, dass sie schwanger geworden ist, bin ich gering geachtet in ihren Augen" (1. Mose 16,5). Ein klassischer Dreieckskonflikt: Die Ehefrau fühlt sich gedemütigt dadurch, dass ihr Mann mit einer jüngeren – und damit noch zeugungsfähigen – Frau zusammen war. Es verschärft den Konflikt, dass Sarai selbst der Zeugung den Segen gegeben hatte.

Abram findet sich in einem Wechselbad der Gefühle. Einerseits ist er glücklich darüber, dass ein Nachkomme geboren wird. Andererseits stellt ihn der Konflikt zwischen Sarai und Hagar vor ungeahnte Probleme. Zu wem soll er halten? Zu der Frau, die ihm ein Kind gebären wird? Zu seiner Ehefrau? Gemeinhin versuchen Männer, solchen Entscheidungssituationen auszuweichen. Aber wegducken und fliehen – das ist für Abram nicht möglich. Also ist er seiner Ehefrau gegenüber loyal. „Siehe, deine Magd ist unter deiner Gewalt; tu mit ihr, wie dir's gefällt", sagt er zu Sarai (1. Mose 16,6). Abram gibt die Verantwortung ab. Äußerlich flieht er nicht – innerlich jedoch meint er, sich heraushalten zu können. Die Folgen daraus werden ihn dennoch belastet haben: Er sieht, wie Sarai ihre Machtstellung gegenüber der schwangeren Hagar ausnutzt und sie demütigt. Heute würden wir das wahrscheinlich Mobbing nennen. Und Abram erträgt, dass Hagar mit seinem Nachwuchs in ihrem Bauch in die Wüste flieht. Was er dabei empfunden hat? Darüber schweigt die Bibel. Vielleicht hat er selbstbewusst gedacht: „Die kommt schon wieder." Womöglich hat er innerlich Abschied genommen von ihr. Mag sein, dass er als frommer Mann Hagars Schicksal in Gottes Hand gelegt hat, der möge sich um Hagar kümmern.

So kam es dann tatsächlich. Ein Engel erschien der verzweifelten Hagar und riet ihr, zurückzukehren; den Sohn, den sie gebären werde, solle sie Ismael nennen.

Die Szene der Rückkehr ist leider nicht überliefert, das lässt der Fantasie freien Lauf. Die Wiedersehensfreude Sarais wird sich in Grenzen gehalten haben. Abram hingegen dürfte, wenigstens innerlich, ziemlich glücklich gewesen sein. Nun würde er mit seinem so sehnlich erwarteten Kind doch gemeinsam leben können! Und so kommt es auch: Hagar gebiert ihm einen Sohn. Abram nennt ihn nach Gottes Willen Ismael („Gott hört").

Dreizehn Jahre lebte die Vierer-Familie zusammen. Abram konnte seinen Vaterpflichten nachkommen; die Erwachsenen arrangierten sich miteinander und mit dem heranwachsenden Ismael. Er werde ein „wilder Mensch" sein, hatte der Engel prophezeit. Was das für die beginnende Pubertät bedeutete, können heutige Eltern sicher nachvollziehen.

Doch dann geschieht etwas völlig Unerwartetes: Gott tritt erneut in Kontakt mit Abram. Er möchte einen ewigen Bund mit ihm schließen. Zwei Zeichen dafür fordert Gott. Zum einen soll Abram („der Vater ist erhaben") fortan Abraham („Vater der vielen Völker") heißen. Zum anderen sollen alle neugeborenen Knaben im Alter von acht Tagen beschnitten werden. Auch für Sarai hat der neue Bund Folgen. Die kleinere: Sie wird nun Sara genannt („Fürstin"). Die größere: Trotz ihres hohen Alters wird Sara einen Sohn gebären (1. Mose 17).

Als Abraham das hört, lacht er laut los. Er ist 100 Jahre alt, Sara 99 – rein biologisch ist Kinderkriegen gar nicht mehr möglich. Doch Gott meint es offensichtlich ernst. Abraham glaubt ihm. Für ihn ist es verlockend, wider alle Erwartung Vater eines zweiten Sohnes zu werden. Seine Hoffnung übertrifft seinen Realitätssinn. Was nicht sein kann – könnte ja mit Gottes Hilfe doch wahr werden. Also erfüllt er die erste Aufgabe und beschneidet seinen Sohn Ismael und mit ihm alle Knechte und Sklaven des Hauses – auch sich selbst. Und wartet dann, was geschieht: Wird er nochmals Vater werden? Gott bestätigt das – drei Engel besuchen Abraham und Sara und kündigen abermals die Geburt eines Sohnes an (1. Mose 18). Diesmal ist es Sara, die angesichts der unglaublichen Botschaft loslacht. „Sollte dem Herrn etwas unmöglich sein?", fragt einer der Engel harsch zurück.

Die Bibel wahrt zwar die Intimität der Liebe zwischen den beiden alten Menschen. Nicht einmal verklausuliert deutet sie den Zeugungsakt an, etwa mit den Worten „und abermals erkannte Abraham sein Weib". Klar ist jedoch: Nicht nur Sara wird fruchtbar; auch Abraham ist trotz seines Greisenalters noch zeugungsfähig. Sara wird tatsächlich schwanger. Sie gebiert einen Sohn: Isaak. Der Name hat einen Anklang an das hebräische

Wort für „Lachen". Sara erklärt den Namen so: „Gott hat mir ein Lachen zugerichtet; denn wer es hören wird, der wird über mich lachen." Abraham ist zum zweiten Mal Vater geworden. Im Alter erlebt er noch einmal neue Vaterfreuden.

Die Freude wurde jedoch rasch getrübt durch den wieder aufflammenden Familienzwist. Wieder stand Abraham zwischen den beiden Frauen – und nun auch zwischen zwei Söhnen. Abraham hatte Aufgaben zu bewältigen, die viele Patchwork-Väter heute noch kennen. Und auch der vierzehnjährige Sohn Ismael musste verkraften, dass sein kleiner Halbbruder alle Aufmerksamkeit auf sich zog. Zwischen den Frauen entflammte die Konkurrenz aufs Neue. Sie entlud sich in einem Streit um das Verhalten der Kinder untereinander. Ismael treibe „Mutwillen" mit dem jüngeren Isaak, schimpft Sara. Wieder geht sie mit ihrem Zorn zu Abraham und fordert, er solle sich äußern. Doch diesmal kann er das Problem nicht zu Sara zurückschieben, denn sie gibt ihm eine Anweisung: „Treibe diese Magd aus mit ihrem Sohn!" Als Grund gibt sie weder das Verhalten Hagars noch die „Wildheit" Ismaels an, sondern sie betont: „Der Sohn dieser Magd soll nicht erben mit meinem Sohn Isaak." Nicht „unserem" – „meinem" Sohn, sagt Sara. Vielleicht ist es diese Wortwahl, die in Abraham väterliche Gerechtigkeitsgefühle hervorruft. Eigentlich möchte er keinen Keil zwischen seine Söhne trieben lassen. Ismael ist ihm ebenso lieb wie Isaak. Beiden hat Gott große Nachkommenschaft verheißen. Wie soll Abraham da wegen Erbfragen, wegen schnödem Mammon also, einen der beiden benachteiligen?

Während er noch überlegt, was er tun kann, um das Problem zu lösen, empfängt Abraham eine überraschende Botschaft von Gott: Er möge sich nicht über Sara aufregen, sondern ihr gehorchen, sagt der. Fast klingt das wiederum wie ein Abschieben der Verantwortung. Denn Abraham folgt nicht seinem Gewissen, sondern Gott (1. Mose 21,12). Und so sehen wir ihn in einer traurigen Szene: Frühmorgens steht Abraham auf, nimmt „Brot und einen Schlauch mit Wasser und legte es Hagar auf ihre Schulter, dazu den Knaben, und schickte sie fort". Ein Vater schickt seinen Sohn mit dessen Mutter in die Wüste.

Was ist das für ein Gott, der solch ein unmenschliches Verhalten fordert? Muss ein Vater Gottes Anweisung befolgen, wenn sie den eigenen Vatergefühlen widerspricht? Hätte Abraham sich geweigert, hätte er einen neuen Streit mit seiner Frau riskiert – und wäre als Beispiel für Glaubensungehorsam in die biblische Geschichte eingegangen. So riskierte er das Leben seines Sohnes. Dass der und seine Mutter Hagar in der Wüste überleben würden, war unwahrscheinlich.

Die Versuchung

Einige Zeit später lässt sich Abraham von Gott schon wieder in eine ähnliche Zwickmühle treiben. Sie ist noch tragischer als die erste. Diesmal geht es um das Leben Isaaks. Die Geschichte gehört zu den abgründigsten und tiefsinnigsten Vater-Sohn-Geschichten der Weltliteratur (1. Mose 22,1–19). Unzählige Künstler und Dichter, Komponisten und Filmemacher hat sie inspiriert.

Vielleicht hat der biblische Redakteur, der sie einst notierte, schon geahnt, wie missverständlich sie ist. Gott habe Abraham „versucht", leitete er sie ein. Damit macht er seine Sicht der Dinge klar: Gott habe eine Prüfung mit Abraham im Sinn gehabt, meinte er.

Und die beginnt wiederum mit einem göttlichen Auftrag: „Nimm Isaak, deinen einzigen Sohn, den du lieb hast, und geh hin in das Land Morija und opfere ihn dort zum Brandopfer auf einem Berge, den ich dir sagen werde" (1. Mose 22,2).

Ein Vater soll seinen Sohn töten. Gott versus Sohn. Glaubensgehorsam versus Vaterliebe. Das muss ein grausamer Gott sein, meinen durch die Jahrhunderte viele Menschen, Gläubige wie Nichtgläubige. Der erste, heute als normal empfundene Impuls ist Protest. Ein selbstverständliches Nein. Warum sollte Abraham, voller Freude über den ihm im hohen Alter geschenkten Sohn, diesen opfern? Der Philosoph Immanuel Kant (1724–1804) brachte es auf den Punkt: „Abraham hätte auf diese vermeinte göttliche Stimme antworten müssen: ‚Dass ich meinen guten Sohn nicht töten solle, ist ganz gewiss.'"

Abraham antwortet anders. Nicht das geringste Zögern beschreibt die Bibel, kein Grübeln, keine Gegenfrage. Wortlos packt Abraham am nächsten Morgen Proviant und Brennholz; zwei Knechte und Isaak nimmt er mit. Drei Tage wandern sie, dann hat Abraham das Ziel im Blick: den Berg Morija. Seinen beiden Knechten lügt er vor, er wolle mit Isaak zum

Gebet gehen, sie sollen warten. Abraham nimmt das Holz und legt es seinem Sohn auf die Schultern. Er selbst nimmt ein Messer und eine Fackel in die Hand. Beide gehen los.

Was mag Abraham gefühlt haben angesichts des drohenden Todes seines Sohnes? Isaak wird es unheimlich. Wo denn das Opfertier sei, fragt er seinen Vater. „Mein Sohn, Gott wird sich ersehen ein Schaf zum Brandopfer", antwortet Abraham. Angekommen an der Opferstätte, baut Abraham einen Opferaltar und stapelt Holz darauf. Jetzt fehlt nur noch das Opfertier. Dann greift er Isaak, fesselt ihn und legt ihn auf das Holz. Dass Isaak sich wehrt, steht nicht in der Bibel. Ähnlich willenlos wie sein Vater fügt er sich seinem Schicksal. Mit einem Unterschied: Isaak ist das Opfer, Abraham der Täter. Abraham nimmt das Messer in die Hand, reckt den Arm in die Höhe, „dass er seinen Sohn schlachtete". Das Drama ist auf seinem Höhepunkt.

Da erscheint ein Engel und spricht: „Lege deine Hand nicht an den Knaben und tu ihm nichts; denn nun weiß ich, dass du Gott fürchtest und hast deines einzigen Sohnes nicht verschont um meinetwillen. … Weil du solches getan hast und hast deines einzigen Sohnes nicht verschont, will ich dein Geschlecht segnen und mehren wie die Sterne am Himmel und wie den Sand am Ufer des Meeres, … und durch dein Geschlecht sollen alle Völker auf Erden gesegnet werden, weil du meiner Stimme gehorcht hast" (1. Mose 22,12.16b–18). Auf wundersame Weise findet sich ein Widder, den Abraham nun an Isaaks statt opfert.

Eine verstörende Geschichte. Manche deuten sie als Beispiel für religiösen Fanatismus, von dem man immer dann reden könne, wenn Gläubigen der Glaube wichtiger ist als Menschenleben. Andere überlegen, worin die Prüfung denn eigentlich bestanden habe. Darin, dass Gott Abrahams Ergebenheit auf die Probe stellen wollte? Hat Abraham letztlich versagt? Wäre der Engel nicht gewesen: Er hätte seinen Sohn getötet und Schuld auf sich geladen. Vielleicht soll die Geschichte dies zeigen: Menschen sind zu allem fähig – aber Gott schützt die Täter vor ihren Abgründen und die Opfer vor der Pein? Ein Blick in die Zeitungen unterstützt diese Sicht. Tatsächlich gibt es Väter, die ihre Söhne ermorden. Man könnte die Deutung noch weiterziehen: Es gibt Väter, die ihren Kindern Leid antun im Namen irgendeiner vermeintlich höheren Macht – das führen Meldungen aus den Nachrichten immer wieder erschreckend vor Augen. Es gibt Väter, die ihre Kinder verwahrlosen lassen, bis sie abstumpfen. Gott möchte das nicht, könnte die Geschichte sagen, Gott möchte, dass Kinder leben. Aber bedurfte es dazu der grausamen Vorgeschichte, dass Gott Abraham die Tötung befiehlt?

Vielleicht ist die Botschaft dieser Geschichte aber auch eine ganz andere, vielleicht will sie den Vätern aller Zeiten ein Negativbild vor Augen halten und sie auffordern, über ihre Machtposition und über ihren Glauben nachzudenken. Immanuel Kant wünschte sich von Abraham, dass er sage: „dass aber du, der du mir erscheinst, Gott seist, davon bin ich nicht gewiss und kann es auch nicht werden, wenn sie [diese Stimme] auch vom Himmel herabschallete". Eine Aufforderung zum Überprüfen der eigenen Glaubensmaßstäbe. Und ein Appell, vor lauter Glauben die eigenen Gefühle und den eigenen Verstand nicht zu vergessen.

Isaak

Der Segen des Vaters

Wie findet man seine eigene Rolle als Vater, wenn man seinen eigenen Vater in der Kindheit als übermächtig erlebt hat? Soll man ihm nacheifern und ebenfalls versuchen, immer den starken Mann herauszukehren? Und was ist, wenn man bemerkt, dass das nicht zu schaffen ist?

Isaak, der Sohn Abrahams, musste als Kind erleben, dass sein Vater ihn umbringen wollte. Die übermächtige Vatergestalt seiner Kindheit wird er nie vergessen haben. Isaak selbst verhält sich sein Leben lang lieber passiv und kann sich auch bei seinen beiden schwierigen Zwillingssöhnen kaum durchsetzen.

Der übermächtige Vater

Die Vorstellung, wie man selbst als Vater gerne sein möchte, entwickelt sich nicht zuletzt auch in der Auseinandersetzung mit dem Eindruck, den der eigene

Vater hinterlassen hat. Der Eindruck, den Abraham bei Isaak hinterließ, war imponierend und einschüchternd zugleich. Isaak scheint es jedenfalls früh aufgegeben zu haben, dem Vater eigene Positionen entgegenzuhalten, und fügte sich den Entscheidungen des Vaters, anscheinend, ohne sich zur Wehr zu setzen.

Isaak war der auf eine Verheißung Gottes hin spätgeborene Sohn seiner lange kinderlosen Eltern und insofern ein von Gott geschenkter Segen für seinen Vater, der ihn unzweifelhaft liebte. Dennoch musste Isaak früh erleben, dass seinem Vater der Gehorsam Gott gegenüber wichtiger war als die Liebe zu seinen Kindern. Abraham glaubte, Gott habe ihm die Tötung seines Kindes befohlen.

Welche Erinnerungen Isaak wohl an den denkwürdigen Tag hatte, als sein Vater ihn zum Aufbruch drängte? Vielleicht verwundert, aber doch voller Vertrauen wird er sich den väterlichen Reiseplänen gefügt haben. Erst als Abraham ihn auf den Opferaltar legte und festband, wird ihm seine Lage bewusst geworden sein. Dann kamen die Todesängste.

Heute ist allgemein bekannt, wie schwer elterliche Gewalt Kinderseelen schadet. Nicht umsonst ist jede Form der Gewalt in der Kindererziehung inzwischen verboten. Und doch erleben auch in Deutschland immer noch viel zu viele Kinder täglich ihre eigene Ohnmacht angesichts der Übermacht gewalttätiger und übergriffiger Eltern.

Und Isaak? Wie die meisten Kinder, die der Gewalt der viel stärkeren Eltern hilflos ausgeliefert sind, erstarrte er vor Angst. Nichts ist da zu lesen davon, dass er sich gewehrt oder geschrien habe. Die Übermacht des Vaters hat die Kinderseele gebrochen und ihn zur Resignation gebracht.

Auch später wird er sich fast nie in der Lage sehen, seine eigenen Interessen durchzusetzen. Da nützte es auch nichts mehr, dass Gott dem Tun Abrahams doch noch Einhalt gebot und ihn stattdessen einen Widder opfern ließ, der sich im nahen Gebüsch verfangen hatte. Wie Isaak mit diesem Trauma anschließend lebte, ob er das Geschehen verdrängte oder immer wieder Ängste ausstehen musste und ob er irgendwann einmal mit seinem Vater über das schreckliche Erlebnis gesprochen hat? In der Bibel findet sich nichts darüber.

Der Sohn wird Vater

Die Passivität seiner Kindheit nahm Isaak allerdings mit ins Erwachsenenalter. Sogar bei der Wahl seiner Ehefrau wurde er zunächst übergangen. Wieder war es Abraham, der die Initiative ergriff und einen Knecht in die alte Heimat schickte, um Isaak eine Frau auszusuchen. Als der Knecht mit Rebekka zurückkam, schien Isaak von nichts zu wissen. Eigentlich wollte er nur beten, da begegnete er ihr. Isaak führte sie ins Zelt seiner Mutter „und nahm die Rebekka und sie wurde seine Frau und er gewann sie lieb" (1. Mose 24,67). Immerhin scheint ihm die Wahl, die für ihn getroffen wurde, wenigstens gefallen zu haben.

Vaterfreuden blieben Isaak zunächst versagt. Doch dann betete er zu Gott – und prompt ließ „der Herr sich

erbitten, und Rebekka, seine Frau, ward schwanger"
(1. Mose 25,21).

Die Freude über das späte Vaterglück muss groß
gewesen sein bei dem bereits sechzigjährigen Isaak.
An der Namensvergabe war er wohl nicht beteiligt:
Zwillinge sollten es werden – und schon im Mutterleib scheinen sie sich gestritten zu haben, denn Rebekka
beschwerte sich über die Tritte in ihrem Bauch. „Als
nun die Zeit kam, dass sie gebären sollte, siehe, da
waren Zwillinge in ihrem Leibe." Der, der herauskam,
„war rötlich, ganz rau wie in Fell, und sie nannten ihn
Esau. Danach kam heraus sein Bruder, der hielt mit
seiner Hand die Ferse des Esau, und sie nannten ihn
Jakob" (1. Mose 25,24).

Vater Isaak lernte zweierlei. Zum einen, wie unter-
schiedlich Geschwister sein können. Zum anderen, dass
sich die Kinder dem Vater oder der Mutter zuordnen.
Die Knaben wuchsen heran, Esau wurde Jäger „und
streifte auf dem Felde umher, Jakob aber ein gesitteter
Mann und blieb bei den Zelten. Und Isaak hatte Esau
lieb und aß gern von seinem Wildbret; Rebekka aber
hatte Jakob lieb" (1. Mose 25,27f). Liebte Isaak an
seinem Sohn Esau vielleicht gerade die Wildheit, die er
sich selbst nie auszuleben traute?

Isaak ignoriert den Streit seiner Söhne und lässt sich
betrügen. Von Anfang an gab es Streit und Eifer-
süchteleien unter seinen Söhnen. Vor allem Jakob war
eifersüchtig auf seinen erstgeborenen Bruder. Als Esau
eines Tages müde von der Jagd heimkam, luchste Jakob
ihm für einen Teller Linsen das Erstgeburtsrecht ab.

Wer nun aber erwartet, dass Isaak als Vater in dieses Geschehen eingriff, der hat sich getäuscht. Wie so oft, bleibt Isaak auch nun wieder passiv. Hatte er von den Streitigkeiten etwa nichts mitbekommen? Unwahrscheinlich, denn Rebekka wusste sehr wohl Bescheid. Sie spornte ihren Lieblingssohn sogar an, noch weiterzugehen und den eigenen Vater zu betrügen. Isaak war alt geworden „und seine Augen zu schwach zum Sehen". Den Tod vor Augen rief er seinen Lieblingssohn Esau. Er möge Pfeil und Bogen nehmen und dem sterbenden Vater ein Wildbret jagen und ihm zubereiten, danach wolle er die Seele Isaaks segnen, „ehe ich sterbe" (1. Mose 27,4). Rebekka hörte zu.

Kaum war Esau zur Jagd aufgebrochen, schmiedete sie mit Jakob einen Plan. Er solle dem Vater ein Essen kochen und sich ein Ziegenfell um die Hände binden. So ging Jakob zu seinem sehbehinderten Vater und log ihn an: „Ich bin Esau, dein erstgeborener Sohn" (1. Mose 27,19). Irritiert befühlte Isaak Jakobs behaarte Hände und sagte: „Die Stimme ist Jakobs Stimme, aber die Hände sind Esaus Hände" (1. Mose 27,22). Statt seinem Gefühl zu vertrauen, glaubte Isaak Jakob aber und segnete ihn.

Erst als Esau von der Jagd zurückkam, bemerkte Isaak, dass er von Jakob getäuscht worden war, „und entsetzte sich ... über die Maßen sehr und sprach: Wer? Wo ist denn der Jäger, der mir gebracht hat, und ich habe von allem gegessen, ehe du kamst, und hab ihn gesegnet?" Und da ein Segen nach biblischem Verständnis weder zurückgenommen noch wiederholt werden konnte, fügte Isaak, resigniert wie so oft, hinzu: „Er wird auch gesegnet bleiben" (1. Mose 27,32f).

Esau geriet außer sich über das Unrecht, das ihm sein Zwillingsbruder angetan hatte, war „über die Maßen sehr betrübt" und fordert trotzdem den Segen, der ihm zustand. „Hast du denn nur einen Segen, mein Vater?", flehte er ihn mit Tränen in den Augen an. Doch das Einzige, was Isaak ihm noch versprechen konnte, war: „Deinem Bruder sollst du dienen. Aber es wird geschehen, dass du einmal sein Joch von deinem Halse reißen wirst" (1. Mose 27,39f).

Der Segen des Vaters

Jemanden zu segnen bedeutet, ihm eine von Gott ausgehende lebensförderliche Kraft mit auf den Weg zu geben. „Mit heilvoller Kraft begaben": So übersetzt ein Theologe das hebräische Wort für „segnen". Segen ist nicht nur ein Zeichen, sondern verändert die Wirklichkeit, sind viele Gläubige überzeugt. Meistens wird der Segen durch einen bestimmten Segensgestus begleitet. Die Bibel betont: Der Segen geht allein von Gott aus, der Mensch kann nur Mittler sein. Im Segen zeigt sich also auch die unterstützende Kraft Gottes, die zu einem gelingenden Leben beiträgt. Zur Zeit der biblischen Geschichten gaben besonders Väter den Segen an ihre Nachkommen weiter. In der Folgezeit fand die Segenshandlung immer mehr im gottesdienstlichen Rahmen statt und wurde ritualisiert. Gleichzeitig entstand die Redeform: „Gesegnet seist du!" Einer der bis heute am meisten verwendeten Segenssprüche stammt der Bibel zufolge direkt von Gott. Als „aaronitischer Segen" beschließt er viele christliche Gottesdienste weltweit: „Der Herr segne dich und behüte dich; der Herr lasse sein Angesicht leuchten über dir und sei dir gnädig; der Herr hebe sein Angesicht über dich und gebe dir Frieden" (4. Mose 6,24–26).

Persönliche Segnungen eines Vaters an seinen Kindern kommen heute in unseren Breitengraden nur noch selten vor. Dabei könnte diese Sprache des Glaubens Kinder stärken, in Alltagssituationen wie zu außergewöhnlichen Gelegenheiten. Ein Vater zeichnet seinem aufgeregten Sohn am Tag des Abiturs ein Kreuz auf die Stirn. Ein anderer segnet seine Tochter vor einer Operation still, durch eine fast unmerkliche Handbewegung. Wieder ein anderer verabschiedet seine Kinder mit einem Segen, bevor er auf eine weite Geschäftsreise geht. Es müssen keine großen Gesten sein, mit denen Väter Segen spenden können, auch nicht viele Worte und erst recht kein Pathos. Es bedarf lediglich des Willens und einer gewissen Gewohnheit, damit der Segen ins Leben integriert wird. Für die Segensspender wie für die Empfänger wird es Folgen haben.

Im Fall des Isaak allerdings sorgte der väterliche Segen für jahrelange Entfremdung zwischen den Söhnen. Gegrämt hat Isaak sich aber offensichtlich nicht allzu sehr, denn er starb im gesegneten Alter von 180 Jahren „alt und lebenssatt". Kurz vor seinem Tod besuchte ihn Jakob. Was Vater und Sohn besprochen haben, ist leider nicht überliefert. Aber dass ausgerechnet der Betrüger, der Liebling der Mutter, seinen Vater aufsuchte, könnte auf eine späte Aussprache, vielleicht sogar auf eine Versöhnung im Angesicht des Todes hindeuten. Am Grab dann betrauern Jakob und Esau gemeinsam ihren Vater.

Ein rührendes Bild einer lebenslangen und trotz Konflikten und jahrelanger Trennung unlösbaren Schicksalsgemeinschaft von Vätern und Kindern. Alles ist möglich auf der Skala zwischen Harmonie und Hass: tiefe Freundschaft und lebenslange Symbiose, oberflächliche Gleichgültigkeit und abgründige Neidereien. Warum gibt es diese Unterschiede? Wie kommt es, dass aus einer Ur-Beziehung manchmal ausgesprochen komplizierte und belastete Verhältnisse werden? Heute versuchen Psychologen diese Frage zu beantworten, sie weisen auf eine folgenreiche Binsenweisheit hin: Jedes Elternteil ist selbst auch Kind; jede Mutter, jeder Vater bringt seine eigene Elterngeschichte mit und konfrontiert unbewusst das eigene Kind damit. Wie sich Eltern ihren Kindern gegenüber verhalten, ist also Ergebnis einer anderen, zurückliegenden Eltern-Kind-Beziehung. Jedes Kind ist eingereiht in eine generationenlange Familiengeschichte, die von den Eigenheiten und Fähigkeiten sowie von den Schicksalen der Vorfahren geprägt ist. Was die Psychologen heute mit Studien und Praxiserfahrung belegen, ist in den biblischen Vätergeschichten in unnachahmlicher und lebensnaher Weise erzählt.

Jakob
Geschwisterneid und Vaterliebe

Wie kann ein Vater seinen Kindern so begegnen, dass sich keines benachteiligt fühlt? Konkurrenz unter Geschwistern ist ein Thema, das sich durch die Zeiten zieht und unzählige Biografien prägt. Von der griechischen Mythologie über die Bibel bis in die heutige Zeit tobt in vielen Familien der Kampf um die Aufmerksamkeit der Eltern. Verhindern lassen sich solche Streitigkeiten nicht. Wohl aber gibt es Strategien, wie Väter so mit den Konflikten umgehen können, dass sie nicht stets neu aufflammen.

Dem Stammvater Jakob gelang dies nicht besonders gut. So musste er miterleben, wie sein Lieblingssohn von seinen Geschwistern nach Ägypten verkauft und für tot erklärt wurde. Jakob versäumte, Versöhnungsakte einzuleiten.

Jakobs eigene Kindheit war früh vom geschwisterlichen Dauerkonflikt beherrscht. Der begann pränatal: Im Mutterbauch stritt er mit seinem Bruder Esau darum, wer als Erster das Licht der Welt erblicken durfte. Esau gewann, an seinen Fuß hatte sich Jakob geklammert und glitt sofort nach ihm in die Welt. Jakob, „Fersenhalter", taufen ihn seine Eltern.

Geschwisterneid

Als Jakob erwachsen war, erlebte er geschwisterliche Eifersucht auch in seinen beiden Ehen. Lea und Rahel waren die Töchter des Landwirts Laban, „die ältere hieß Lea, die jüngere Rahel. Aber Leas Augen waren ohne Glanz, Rahel dagegen war schön von Gestalt und von Angesicht. Und Jakob gewann Rahel lieb" (1. Mose 29,16f). Sieben Jahre lang musste Jakob für Laban arbeiten, um Rahel heiraten zu dürfen. Als die Zeit um war, schob Laban seinem Schwiegersohn in der Hochzeitsnacht Lea, die andere Tochter, ins Bett. Jakob schlief mit seiner Braut und merkte erst in der Morgendämmerung, dass es die falsche war. Um auch Rahel heiraten zu dürfen, musste er die Hochzeitswoche mit Lea verbringen und versprechen, noch sieben weitere Jahre bei Laban zu bleiben. „Da gab ihm Laban seine Tochter Rahel zur Frau. So ging Jakob auch zu Rahel ein und hatte Rahel lieber als Lea" (1. Mose 29,28f).

Damit nahm das nächste Eifersuchtsdrama seinen Lauf. Gott mischte sich ein, er ließ die ungeliebte Lea fruchtbar werden und verdammte Rahel zur Kinderlosigkeit. Die gegenseitige Eifersucht wuchs. Jakob konnte sich kaum mal auf seine Vaterrolle besinnen, so sehr wurde er von seinen beiden Frauen in Beschlag genommen. Erst als Rahel doch endlich einen eigenen Sohn bekam, kehrte langsam Ruhe ein. Josef wurde geboren, er war Jakobs elfter Sohn und wurde sein Liebling. Und schon bahnte sich die nächste Eifersuchtsgeschichte an.

Brüderliche Versöhnung

Zuvor allerdings machte Jakob die Erfahrung einer Versöhnung. Nach jahrelanger Entzweiung hatten Jakob und sein Bruder Esau ein Wiedersehen verabredet. Am Fluss Jabbok wollten sich die beiden treffen. Am Vorabend hatte Jakob dort eine merkwürdige Begegnung (1. Mose 32,23−33). Er traf auf einen geheimnisvollen Mann, der mit ihm kämpfte, „bis die Morgenröte anbrach". Jakobs Hüfte wurde verletzt, doch er wollte seinen unbekannten Gegner nicht loslassen, ohne von ihm gesegnet worden zu sein. „Du sollst nicht mehr Jakob heißen, sondern Israel", sagte der Fremde und outete sich als göttliches Wesen, „denn du hast mit Gott und mit Menschen gekämpft und hast gewonnen."

Dieser „Kampf am Jabbok" lädt zu spiritueller Deutungen ein. Einige Theologen und Psychologen sehen in ihm eine Symbolgeschichte für die Wandlungen in der Lebensmitte eines Mannes. Glaube und Religion sind für Männer in der ersten Lebenshälfte meist kein großes Thema. Auch für die religiöse Erziehung fühlt sich heutzutage eher die Mutter als der Vater zuständig. Männer schämen sich oft, über ihren Glauben zu reden. In der Mitte ihres Lebens werden sich Männer dieses Defizits bewusst. Die vielbeschworene „Mid-life-Krise" fordert ihren Tribut. Diese Lebensjahre bergen die Chance, sich mit den vernachlässigten Seiten des Lebens zu beschäftigen – auch mit dem Glauben. Manche Männer entwickeln in dieser Zeit große Euphorie und durchstreifen den großen Markt der spirituellen Möglichkeiten. Sie lassen sich von Schamanen in Schwitzhütten auf Innenreisen schicken, schweigen wochenlang in buddhistischen Meditationszentren oder versuchen, mit esoterischen Methoden Kontakt zur anderen Wirklichkeit aufzunehmen. Die große, das Abendland prägende jüdisch-christliche Religion hat hier ihre Monopolstellung verloren.

Jakobs Kampf am Jabbok könnte für die kämpferische Seite des Glaubens stehen und heutigen Männern zeigen: Gott ist kein „Kuschel-Gott", Gott fordert zum Kampf heraus, bei dem Männer auch vor Wunden nicht bewahrt werden. Wer sich mit seiner Vergangenheit beschäftigt, wer sie aus lebensreifer Perspektive und ohne Scheu vor Verletzungen betrachtet, wird gestärkt in die zweite Lebenshälfte gehen, fromm gesprochen: gesegnet. Väter, die diese spirituelle Reifung zulassen, lösen wiederum heilsame Veränderungen in ihren Kindern aus. Womöglich haben Jakobs Söhne dies erfahren, denn die Bibel betont, dass sie ihren Vater an den Ort des Kampfes begleiteten.

Der aufwühlenden Nacht folgte ein nicht minder aufwühlender Tag. Das Treffen mit Esau stand bevor. Jakob geriet in Panik. Er hatte Angst, der Bruder könne ihn und seine Familie aus Wut über das Geschehene umbringen. Jakob überlegte, ob er seinen Bruder vielleicht mit einem Geschenk besänftigen könne. Als er ihm entgegenging, neigte sich Jakob „siebenmal zur Erde, bis er zu seinem Bruder kam" (1. Mose 33,3). Esau aber wollte weder das Geschenk noch die Unterwürfigkeit seines Bruders. Er „lief ihm entgegen und herzte ihn und fiel ihm um den Hals und küsste ihn und sie weinten" (1. Mose 33,4). Die Versöhnung war gelungen.

So kann es also auch gehen – doch Jakobs Familie scheint nicht viel daraus gelernt zu haben. Vielleicht deshalb, weil Jakob auch als Vater offensichtlich noch immer nicht gelernt hatte, dass es der Familiengemeinschaft nicht sonderlich gut bekommt, wenn einzelne Mitglieder bevorzugt werden.

Der Lieblingssohn

Jakobs Sohn Josef war inzwischen siebzehn Jahre alt und Schafhirte geworden. Jakob machte keinen Hehl daraus, dass Josef sein liebster Sohn war. Eines Tages schenkte er ihm einen bunten Rock. Die Brüder brachte das väterliche Geschenk in Eifersuchts-Rage. Ihre Wut wandte sich nicht etwa gegen den ungerechten Vater, sondern gegen Josef. Sie „konnten ihm kein freundliches Wort sagen", heißt es in der biblischen Geschichte (1. Mose 37,3f).

Dass es keine sonderlich gute Idee ist, das Lieblingskind auch noch mit Geschenken zu überhäufen, während die anderen leer ausgehen, sollte eigentlich jedem Vater klar sein. Doch Jakob merkte es offensichtlich erst, als

Josef plötzlich auch noch hochmütig wurde. Sohne-
mann hatte merkwürdige Träume und berichtete seiner
Familie auch noch davon: Einmal träumte er, „die
Sonne und der Mond und elf Sterne neigten sich vor
mir" (1. Mose 37,9). Als Jakob das hörte, war er entsetzt und nahm sich Josef zur Brust: „Was ist das für
ein Traum, den du geträumt hast? Soll ich und deine
Mutter und deine Brüder kommen und vor dir nieder-
fallen?" (1. Mose 37,10). Den Brüdern platzte vor Wut
auf Vaters eingebildeten Liebling der Kragen. Als sie
mit den Herden unterwegs waren und Josef vorbeikom-
men sahen, planten „sie einen Anschlag, dass sie ihn
töteten!" (1. Mose 37,18). Ruben konnte seine Brüder
gerade noch davon abhalten, Josef umzubringen;
schließlich verkauften sie ihn an eine vorbeiziehende
ägyptische Karawane. Die Frage war nur, wie sie ihrem
Vater das Verschwinden Josefs erklären sollten. Sie
nahmen dessen Rock, tauchten ihn in das Blut eines
Ziegenbocks und schicken ihn Jakob. Der Plan ging auf.
Jakob war außer sich vor Schreck und Trauer: „Es ist
meines Sohnes Rock; ein böses Tier hat ihn gefressen,
ein reißendes Tier hat Josef zerrissen!" Lange Zeit ist
Jakob untröstlich und wird lebensmüde: „Ich werde mit
Leid hinunterfahren zu den Toten, zu meinem Sohn"
(1. Mose 37,33–35).

Dass sein Sohn gar nicht tot war, sondern gerade in
Ägypten Karriere machte, erfuhr Jakob erst viele Jahre
später. Ob sich der Vater jemals Gedanken darüber
machte, wie sehr er selbst zu diesem Gang der Dinge
beigetragen hatte? Auch im weiteren Verlauf der Erzählung deutet nichts darauf hin.

Das Wiedersehen

Als eine Hungersnot ausbrach, entschloss sich Jakob eines Tages, seine Söhne nach Ägypten zu schicken, damit sie dort Getreide kauften (1. Mose 42). In Ägypten angekommen, trafen sie auf Josef, der inzwischen Karriere als Staatsmann gemacht hatte. Er erkannte seine Brüder sofort und gab sich ihnen nach einer Weile zu erkennen. So schnell wie möglich wollte er seinen Vater sehen und ließ ihn zu sich holen.

Als man Jakob verkündete, sein totgeglaubter Sohn lebe, konnte er es zunächst nicht glauben. Da er sich jedoch wünschte, seinen Lieblingssohn noch einmal zu sehen, bevor er starb, machte er sich mit seiner ganzen Familie zusammen auf nach Ägypten. Josef eilte seinem Vater schon entgegen, „und als er ihn sah, fiel er ihm um den Hals und weinte lange". Das Wiedersehen heilte Jakobs trübe Gedanken: „Ich will nun gerne sterben, nachdem ich dein Angesicht gesehen habe, dass du noch lebst" (1. Mose 46,29f).

Geschwisterneid und Vaterliebe

Neid und Eifersucht unter Geschwistern sind etwas völlig Normales. Die Bibel hat so viel Wirklichkeitssinn, dass sie von Anfang bis zum Ende Geschwisterbeziehungen der Familienromantik enthebt. Schon die Beziehung des ersten Geschwisterpaares der Weltgeschichte, Kain und Abel, ist durch Eifersucht vergiftet und endet gewaltvoll. Im Neuen Testament kamen Jesu

Geschwister mit dem ungewöhnlichen Verhalten ihres Bruders nicht klar. Die wahren Verwandten, erklärte Jesus ihnen, seien seine Jünger.

Wie können Väter für Frieden unter ihren Kindern sorgen? Voraussetzung wäre, die individuellen Bedürfnisse jedes Kindes zu erkennen und zu fördern. Am Ende seines Lebens scheint Jakob diese Lektion gelernt zu haben. Auf dem Sterbebett segnet er seine zwölf Söhne und beschreibt die Eigenarten jedes Einzelnen, Stärken wie Schwächen. Seine Vorliebe für Josef kann er jedoch auch in diesen letzten Stunden nicht ganz verbergen.

Sein Leben lang war er seinen Kindern in anderer Weise ein Vorbild: In entscheidenden Situationen seines Lebens hatte er sie an seinem Gefühlsleben teilhaben lassen, an seiner Trauer wie an seiner Freude.

Josef,
Sohn des Jakob

Väter und Großväter

Was verändert sich, wenn Söhne Väter werden? Viel.
Zum Beispiel der Blick auf den eigenen Vater, der nun
zum Großvater geworden ist. Langsam versteht man,
dass das Vatersein auch für ihn nicht immer leicht
gewesen sein könnte. Man freut sich über die Unterstützung des frischgebackenen Großvaters, ärgert sich über
seine Einmischungen. Und vielleicht keimt manchmal
sogar Neid auf das besondere Verhältnis, das sich zwischen Enkeln und ihren Großeltern entwickelt. Diese
Erfahrung machte auch Josef.

Wenn die Großeltern fehlen

Für die Kinder wie für deren Eltern sind die Großeltern
wichtig wie eh und je. Eine Studie des Bundesinstituts
für Bevölkerungsforschung zeigte jüngst: Ein enges

Familiennetzwerk und guter Kontakt zu den eigenen Eltern haben einen großen Einfluss auf Kinderwunsch und die Kinderzahl eines Paares. Das Wissen um die Unterstützung der Großeltern erleichtert Paaren die Entscheidung für Kinder mehr als jede staatliche Unterstützungsmaßnahme. Jedes dritte Kind in Deutschland verbringt mindestens einmal in der Woche Zeit mit seinen Großeltern. Und zwei Drittel der Eltern nutzen die eigenen Eltern regelmäßig als Babysitter. Großeltern entsprechen heute gar nicht mehr dem Klischee von langweiligen Alten, sondern stehen meist in engem und aktivem Kontakt mit ihren Enkeln.

Schwieriger allerdings wird es, wenn die Großeltern weit entfernt wohnen und ein solch enger Kontakt nicht möglich ist. Auch Josef zog seine beiden Söhne zunächst ohne den Großvater auf: Von seinen Brüdern als Sklave nach Ägypten verkauft, war er durch seine traumdeuterischen Fähigkeiten zu einem der wichtigsten Mitarbeiter des Pharao aufgestiegen. Er begann, sich in dem fremden Land einzurichten, und heiratete eine einheimische Frau: „Asenat, die Tochter Potiferas, des Priesters zu On" (1. Mose 41,45). Mit Feuereifer stürzte Josef sich in seine Arbeit und sorgte als Verwalter dafür, dass genügend Vorräte angesammelt wurden für die harten Zeiten, die Gott dem Pharao vorhergesagt hatte.

Auch im privaten Bereich erlebte Josef neue Herausforderungen: Er wurde Vater. „Josef wurden zwei Söhne geboren, bevor die Hungerzeit kam; die gebar ihm Asenat, die Tochter Potiferas." Den Erstgeborenen nannte Josef Manasse; „denn Gott, sprach er, hat mich vergessen lassen all mein Unglück und mein ganzes Vaterhaus." Der zweite Sohn erhielt den Namen Ephraim; „denn Gott hat mich wachsen lassen in dem Lande meines Elends" (1. Mose 41,50–52).

In der Fremde hatte Josef sich heimisch eingerichtet. Die Gedanken an seine Heimat werden ihn dennoch nicht losgelassen haben. Die Erinnerung an die Kindheit, das „Vaterhaus". Und die Wunde, die das Unrecht seiner Brüder geschlagen hatte.

Auf unvermutete Weise trifft er sie alle wieder. Seine Brüder waren nach Ägypten gereist, um dort Getreide zu kaufen. Sie werden bei Josef vorstellig, erkennen ihn aber nicht, er trägt den ägyptischen Namen Zafenat-Paneach. Josef hingegen weiß, wer von ihm steht. Nach einigen Verzögerungen gibt er sich ihnen zu erkennen. Die Begegnung facht die Sehnsucht nach dem Vater neu an.

Die Brüder reisen zurück nach Israel und kehren mit Vater Jakob zurück – und mit ihren Familien. Eine 70-köpfige Gruppe durchquert den Sinai. Ein ergreifendes Wiedersehen folgt: Josef „fiel ihm um den Hals und weinte lange an seinem Halse". Jakob lernte auch seine in Ägypten geborenen Enkelkinder kennen, Ephraim und Manasse. Josef „ließ seinen Vater und seine Brüder in Ägyptenland wohnen und gab ihnen Besitz am besten Ort des Landes, im Lande Ramses, wie der Pharao geboten hatte. Und er versorgte seinen Vater und seine Brüder und das ganze Haus seines Vaters mit Brot, einen jeden nach der Zahl seiner Kinder" (1. Mose 47,11f). Offensichtlich genoss er es, wieder im Kreise seiner Familie zu leben. Es scheint ein heilsamer und von Versöhnung geprägter Neuanfang gewesen zu sein. Denn Josefs Vater „Jakob lebte siebzehn Jahre in Ägyptenland, dass sein ganzes Alter wurde hundertundsiebenundvierzig Jahre" (1. Mose 47,28).

Jakobs Kreuzsegen

Auch bei einem guten Verhältnis der Generationen können sich allerdings Streit und Meinungsverschiedenheiten einstellen. Wer hat sich nicht schon einmal geärgert, dass die Großeltern in einigen Punkten ganz andere Vorstellungen in Sachen Erziehung haben? Oft herrscht ein ganz eigenes, enges Vertrauensverhältnis zwischen Enkeln und Großvätern. Eine Beziehung, von der sich mitunter sogar Väter ausgeschlossen fühlen.

So mag es Josef gegangen sein, als sein kranker Vater ihn und seine Söhne eines Tages zu sich rief. Jakob „machte sich stark und setzte sich auf im Bett und sprach zu Josef … So sollen nun deine beiden Söhne Ephraim und Manasse, die dir geboren sind in Ägyptenland, ehe ich hergekommen bin zu dir, mein sein gleichwie [meine Söhne] Ruben und Simeon" (1. Mose 48,2–3a.5) Der alte Jakob „sah die Söhne Josefs und sprach: Bringe sie her zu mir, dass ich sie segne" (1. Mose 48,9).

Jakob küsste seine Enkel und segnete sie. Eigentlich ein ehrenvoller Akt. Hier jedoch geschah etwas Ungewöhnliches. Jakob überkreuzte seine Hände und segnete den Jüngeren – und nicht den Erstgeborenen – mit der rechten Hand (1. Mose 48,13–20). Damit brachte er die Segensfolge durcheinander. Josef ist verwirrt. Als er „sah, dass sein Vater die rechte Hand auf Ephraims Haupt legte, missfiel es ihm, und er fasste seines Vaters Hand, dass er sie von Ephraims Haupt auf Manasses Haupt wendete, und sprach zu ihm: Nicht so, mein Vater, dieser ist der Erstgeborene; lege deine rechte Hand auf sein Haupt." Jakob weigerte sich und erklärte, dass dies kein Zeichen von Altersverwirrung sei, sondern ein bewusster Akt. „Ich weiß wohl, mein Sohn, ich weiß wohl", sagte er zu Josef, „dieser soll auch ein Volk werden und wird groß sein, aber sein jüngerer Bruder wird größer als er werden, und sein Geschlecht wird eine Menge von Völkern werden." Der großväterliche Segen brachte Unruhe in die Familie. Jakob hatte offensichtlich aus seiner Geschichte des Segens-Streits mit Esau nichts gelernt. Auf fast tragische Weise überträgt er ihn auf seine Enkel. Psychologen würden dies als Wiederholungsverhalten deuten: Alles, was in der Seele nicht bearbeitet ist, sucht sich einen neuen Weg in die Welt.

Der verdutzte Vater Josef hätte einen Streit vom Zaun brechen und sich über die eigenwillige Entscheidung seines Vaters aufregen können. Doch das tat er offensichtlich nicht. Ob Josef innerlich grollte oder darauf vertraute, dass Jakob schon wisse, was er tut?

Bei Ephraim und Manasse hat der ungerechte Segen ihres Großvaters nicht zum Lebensstreit geführt. Die Josefsfamilie scheint glücklich in Ägypten gelebt zu haben. Josef wurde Großvater und Urgroßvater, „lebte in Ägypten mit seines Vaters Hause und lebte hundertundzehn Jahre und sah Ephraims Kinder bis ins dritte Glied. Auch die Söhne von Machir, Manasses

Sohn, wurden dem Hause Josefs zugerechnet." Nach seinem Tod wurde er in Ägypten bestattet (1. Mose 50,22–26).

Enkel in der Bibel

Für großelterliche Enkelromantik bietet die Bibel wenige Motive; Großeltern waren den Verfassern nicht sonderlich wichtig. Wörtlich kommen sie nur einmal in der ganzen Bibel vor, Enkel nur neunmal. Dafür wimmelt es von „Kindeskindern", allerdings eher in allgemeiner Absicht, um die Größe der Nachkommenschaft zu beschreiben. Dennoch gibt es einige andere Enkelgeschichten, die zu kennen lohnenswert ist.

Zum Beispiel die von Tobias *(vgl. dazu in diesem Buch S. 116-122)*: Als der alte, gottesfürchtige Mann seinen Tod nahen spürte, rief er seinen gleichnamigen Sohn und dessen sieben Söhne an sein Bett. Zwei Dinge wollte er seinen Enkeln und deren Vater mitteilen: Zum einen, dass das große feindliche Reich Ninive „an seiner Bosheit" zugrunde gehen werde und alle gläubigen Israeliten wieder in ihr Heimatland zurückkehren werden, so wie Gott es verheißen hatte. Und zum anderen gibt er seinem Sohn einen väterlichen Rat: Er möge die sieben Enkel fromm erziehen und ihnen die Werte des mosaischen Gesetzes vermitteln (Tobias 14,1–13).

Oder die des Richters Abdon. Der Heerführer hatte mal hier, mal dort seine Zeugungskraft unter Beweis gestellt. Am Ende war er Vater von vierzig Kindern und

Großvater von dreißig Enkelkindern. Allesamt ritten sie einmal auf siebzig Eseln – was nach einer Mehrgenerationenparade klingt (Richter 12,13–15).

Nachkommen sind ein Segen oder auch die „Krone" des Lebens. Deshalb haben die frommen Männer in frühen biblischen Zeiten viele Kinder und auch Enkel. Auch Hiob. Nachdem er seine furchtbare Prüfungszeit hinter sich hat, steht seine restliche Lebenszeit ganz im Zeichen der Fruchtbarkeit. Er kann sich sogar noch über Ur-Ur-Ur-Enkel freuen *(vgl. dazu in diesem Buch S. 123-131)*. Was nicht schwer ist bei einem Alter von über 140 Jahren. Der Psalmist sagt in einem Gebet, was sich fromme Großeltern wünschen: „Kindeskinder werden deine Werke preisen und deine gewaltigen Taten verkündigen" (Psalm 145,5). Diesen Gedanken nimmt Jesu Mutter Maria in ihrem Lobgesang auf: „Von nun an werden mich selig preisen alle Kindeskinder" (Lukas 1,48). Die ersten Christen standen später vor der Herausforderung, ein einträchtiges Zusammenleben in den Gemeinden zu gestalten. In dieser Zeit entstanden die sogenannten Haustafeln, in denen sich viele konkrete Lebensanweisungen finden. Viele Konfliktherde werden in den jüngeren Schriften des Neuen Testaments bedacht. Das Zusammenleben von Enkeln mit ihren verwitweten Großmüttern war offensichtlich einer davon. Nach dem Tod des Großvaters fehlte einigen Nachkommen offensichtlich der Respekt vor der Oma. Deshalb mahnt sie der erste Timotheusbrief zu Frömmigkeit und Dankbarkeit: „Wenn aber eine Witwe Kinder oder Enkel hat, so sollen diese lernen, zuerst im eigenen Hause fromm zu leben und sich den Eltern dankbar zu erweisen; denn das ist wohlgefällig vor Gott" (1. Timotheus 5,4).

Die Botschaft der Märchen

Was aber bedeutet es, wenn sich Enkel ihren Großeltern gegenüber dankbar erweisen sollen? Märchen bergen auf andere Art und Weise als die Bibel tiefe Weisheiten und spiegeln jahrhundertealte Lebenserfahrung auch im Hinblick auf Enkel und ihre Großväter. Im Märchen wie in der Bibel werden Begebenheiten oft verdichtet erzählt. Die Gebrüder Grimm erzählen eines, in dem ein Enkel dagegen protestiert, dass seine Eltern den Großvater schlecht behandeln. Denn der Alte darf seine Suppe nur hinter dem Ofen sitzend aus einer Schüssel schlürfen, weil seine Kinder den zahnlosen Alten nicht essen sehen wollen. Eines Tages bastelte der Enkel Holzschalen. Da fragten ihn die Eltern, was er da mache. Und er antwortete: „Ich bastele Holzschalen, damit ihr später daraus essen könnt." Seitdem durfte der Großvater wieder mit am Tisch essen.

Viele Märchen handeln vom Verhältnis zwischen Vätern und ihren Kindern. Zum Beispiel *Hänsel und Gretel:* Da setzt ein Vater auf Geheiß seiner Frau seine Kinder im Wald aus. Bei ihrer Rückkehr freut er sich über alle Maßen, dass sie größte Gefahren bestanden und wohlbehalten zurückgefunden haben. Außerdem tauchen in Märchen viele Könige als Väter auf, die ihre Töchter meist gründlich verwöhnen. Der Vater von Dornröschen konnte nicht verhindern, dass seine

Tochter von einer Spindel gestochen wurde und in einen hundertjährigen Schlaf fiel, obwohl er doch zu ihrem Schutz alle Spindeln des Landes hatte vernichten lassen. So greifen Märchen wie biblische Geschichten unterschiedliche Arten des (Groß-)Vaterseins auf.

Der Erzählkreis der biblischen Josefsgeschichte (1. Mose 37–50) trägt viele Züge einer Legende. Auf erzählerische Weise zeigt sie lehrhaft, wie Großväter, Väter und Enkel miteinander verwoben sind, im Guten wie im Schlechten, in Freude und Trauer. Tiefe erhält die Geschichte dadurch, dass Konflikte nicht ausgeklammert werden. Vielmehr bietet sie Möglichkeiten an, trotz Verwerfungen und Enttäuschungen, trotz Schuld und Enttäuschung miteinander zu leben. Dass die Väter in Form der Patriarchen im Mittelpunkt stehen, lässt leicht erkennen: Die Bibel wurde von Männern verfasst. Berücksichtigen heutige lesende Väter dies, finden sie eine Fülle von Anregungen für ihr Vaterdasein.

Juda und Lot

Familiäre Gewalt

Ein Vater schläft mit seiner Schwiegertochter, die sich als Hure verkleidet hat. Ein anderer zeugt im Rausch mit seinen beiden leiblichen Töchtern Kinder. Solche Vatergeschichten skurril zu nennen wäre eine unstatthafte Verniedlichung. Warum stehen sie in so herausgehobener Stellung in der Bibel? Weil sie abgründige und tragische Verstrickungen zeigen, in die Väter gebunden sein können.

Juda

Allein in der Juda-Geschichte finden sich mehrere Väterthemen mit tragischen Dimensionen. Juda war einer der zwölf Söhne Jakobs. Mit einer Kanaaniterin, der Tochter des Schua, bekam er drei Söhne: Er, Onan und Schela. Als der Erstgeborene, Er, das heiratsfähige Alter erreicht hatte, kam Juda seinen damaligen

Vaterpflichten nach und verheiratete ihn mit einer Frau namens Tamar. Worin die Sünden Ers bestanden, bleibt unbekannt. „Er war böse vor dem Herrn", ist zu lesen, „darum ließ ihn der Herr sterben" (1. Mose 38,6) – und zwar bevor er Kinder zeugen konnte. Neben der Trauer hatte der Tod eines kinderlosen Mannes erbrechtliche Folgen. Das Gesetz verpflichtete einen Bruder des Verstorbenen, mit der Witwe ein Kind zu zeugen. Dieses gilt rechtmäßig als Kind des Verstorbenen, „damit dessen Name nicht ausgetilgt werde aus Israel". Juda hält sich an dieses Gesetz und fordert seinen Zweitgeborenen Onan auf: „Geh zu deines Bruders Frau und nimm sie zur Schwagerehe, auf dass du deinem Bruder Nachkommen schaffest." Für Onan war das eine nur begrenzt reizvolle Angelegenheit. Er wollte eigene Kinder und nicht rechtloser Samenspender für seinen Bruder sein. Um die inoffizielle Vaterschaft zu vermeiden, wandte er beim Akt einen Trick an: Er ließ seinen Samen auf die Erde fallen „und verderben, auf dass er seinem Bruder nicht Nachkommen schaffe" (1. Mose 38,8f). Diese Praktik, heute *coitus interruptus* genannt, war ein Affront gegen das Gesetz. Gott strafte Onan mit dem Tod.

Vater Juda war ratlos. Er empfahl seiner Schwiegertochter Tamar, ins Haus ihres Vaters zurückzukehren und dort als Witwe zu leben, bis sein jüngster Sohn Schela alt genug sei, ein Kind mit ihr zu zeugen oder sie zur Frau zu nehmen.

Die Zeit verging, Juda hielt sein Versprechen nicht ein. Schela war längst erwachsen geworden, doch sein Vater hatte ihn nicht der Tamar zum Mann gegeben.

Nach einiger Zeit starb Judas Frau; nach der Trauerzeit ging Juda in die Ortschaft Timna, „seine Schafe zu scheren" (1. Mose 38,12).

Währenddessen wuchs in Tamar die Enttäuschung über ihr kinderloses Schicksal ins Unermessliche. Sie fasste einen perfiden Plan. Sie zog ihre Witwenkleidung aus, „deckte sich mit einem Schleier und verhüllte sich" und setzte sich vor das Stadttor von Enajim am Wege nach Timna. Juda ging an ihr vorüber und erkannte sie nicht; er dachte, „es wäre eine Hure, denn sie hatte ihr Angesicht verdeckt" (1. Mose 38,14f). Er fragte sie, was sie für ihre Dienste verlange, und Tamar forderte als Bezahlung einen Ziegenbock aus seiner Herde und als Pfand seinen Siegelring, seine Schnur und seinen Stab. Juda willigte ein, und er „kam zu ihr" und zeugte unwissentlich seiner Schwiegertochter ein Kind.

Tamars Plan war aufgegangen; sie kehrte nach Hause zurück „und legte den Schleier ab und zog die Witwenkleider wieder an". Juda indes meinte, seine Schuld für den Liebesdienst bei der Prostituierten einlösen zu müssen, und schickte einen Freund mit dem versprochenen Ziegenbock an die Stelle des Geschehens. Dort saß aber keine Frau mehr. „Es ist keine Hure da gewesen", antworteten ihm die Leute. Juda nahm es gelassen.

Ein paar Monate später geschah, was geschehen musste. Tamars Schwangerschaft war nicht mehr zu übersehen. Für die Leute war klar: „Tamar hat Hurerei getrieben; und sie ist davon schwanger geworden." Als Juda davon erfuhr, wurde er zornig auf seine Schwiegertochter und befahl die schlimmste Strafe: „Führt sie heraus, dass sie verbrannt werde."

Nun zog Tamar ihren Trumpf aus dem Ärmel, hielt ihm das Pfand, das er ihr gegeben hatte, unter die Nase und verkündete die Wahrheit. „Von dem Mann bin ich schwanger, dem dies gehört. … Erkennst du auch, wem dies Siegel und diese Schnur und dieser Stab gehören?" Juda dämmerte: Die verschleierte Hure an der Straße nach Timna war niemand anderes als Tamar gewesen. „Sie ist gerechter als ich; denn ich habe sie meinem Sohn Schela nicht gegeben" (1. Mose 38,26).

So kam Tamar doch noch zu ihrem Nachwuchs. Sie gebar Zwillinge und nannte sie Perez und Serach. Eigentlich hätten sie Judas Enkel sein müssen – doch nun erlebt er zum vierten Mal Vaterfreuden.

Weder Judas eigenen Vater Jakob noch Gott scheint all das sonderlich beunruhigt oder verärgert zu haben. Denn als Jakob seine Söhne segnete, bekam Juda ganz besonderes Glück zugesagt. „Juda, du bist's! Dich werden deine Brüder preisen. Deine Hand wird deinen Feinden auf dem Nacken sein, vor dir werden deines Vaters Söhne sich verneigen." Als „jungen Löwen" lobt er ihn, „es wird das Zepter von Juda nicht weichen noch der Stab des Herrschers von seinen Füßen, bis dass der Held komme, und ihm werden die Völker anhangen. Er wird seinen Esel an den Weinstock binden, wird sein Kleid in Wein waschen und seinen Mantel in Taubenblut. Seine Augen sind dunkel von Wein und seine Zähne weiß von Milch" (1. Mose 49,8.10f).

Tatsächlich wird Judas Sohn Perez später als einer der Vorfahren des großen Königs David genannt und ist daher auch ein Urahn Jesu. Erstaunlich, wozu das hormongesteuerte Verhalten eines Schwiegervaters führen kann.

Lot

Der Geschichte Judas könnte man mit viel Wohlwollen humorige Züge und eine kluge Lehre abgewinnen. Bei dem Verhalten Lots hingegen ist das schwer möglich. Genau genommen müsste er zum schlechtesten Vater der Bibel gekürt werden, und man fragt sich: Was muss geschehen, damit ein Vater dermaßen gefühlskalt gegenüber seinen Töchtern ist?

Eigentlich war Lot ein honoriger Mann, ein Neffe des Stammvaters Abraham. Gemeinsam waren sie aus Ur nach Kanaan gezogen und hatten dort je eigene Gebiete bewohnt. Lot lebte mit seiner Frau und seinen beiden Töchtern in Sodom. Hier spielt die erste schreckliche Geschichte (1. Mose 19,1–11). Sie beginnt mit zwei Engeln. Lot traf sie auf der Straße und lud sie ein: „Kehrt doch ein im Hause eures Knechts und bleibt über Nacht; lasst eure Füße waschen und brecht frühmorgens auf und zieht eure Straße." Die beiden Engel, die wie Männer aussahen, wollten lieber im Freien bleiben. Lot „nötigte sie sehr", sie nahmen die Einladung an, und Lot beköstigte sie ausgesprochen gastfreundlich. Noch ehe sie sich zu Bett legten, versammelte sich eine Meute von Menschen vor dem Hause Lots, „jung und alt". „Wo sind die Männer, die zu dir gekommen sind diese Nacht?", riefen die Männer, „führe sie heraus zu uns, dass wir uns über sie hermachen!" Offensichtlich kannte Lot die Männer von Sodom. Angstfrei trat er zu ihnen und versuchte, sie zu beruhigen: „Ach Brüder, tut nicht so übel!" Um die Engelsgäste zu schützen, bot er ihnen tatsächlich seine beiden Töchter als Ersatz an.

Beide waren noch Jungfrauen, „die will ich herausgeben unter euch und tut mit ihnen, was euch gefällt". Ein Vater will seine Töchter den offensichtlich zu jedem Missbrauch und Mord bereiten Männern ausliefern. Die einzige Rechtfertigung für dieses kaltherzige Verhalten könnte sein, dass er die Himmelsboten schützen wollte. Stichhaltig ist sie nicht. Denn göttliche Wesen sollten genug Kraft und Macht haben, um sich zu wehren und das eigene Leben zu schützen. Die beiden stellten das auch sogleich unter Beweis, zogen Lot zurück ins Haus und schlugen die Männermeute mit Blindheit.

Trotz seines Fehlverhaltens wollte Gott Lot und seine Familie nicht strafen. Während Pech und Schwefel über Sodom regneten und die Bevölkerung auslöschten, brachte sich Lots Sippe mit göttlichem Beistand in Sicherheit. Lots Frau starb auf der Flucht; der Vater lebte mit seinen beiden Töchtern in einer Gebirgshöhle. In der Abgeschiedenheit setzte sich das gestörte Vater-Tochter-Verhältnis fort (1. Mose 19,30–38). „Unser Vater ist alt und kein Mann ist mehr im Lande, der zu uns eingehen könnte nach aller Welt Weise", sagten sich die beiden Frauen und fassten einen Plan: „Komm, lass uns unserm Vater Wein zu trinken geben und uns zu ihm legen, dass wir uns Nachkommen schaffen von unserm Vater." So geschieht es. Die Töchter machen ihren Vater betrunken. Während er im Delirium liegt, legt sich die ältere der beiden zu ihm und lässt sich schwängern, ohne dass er es merkt. In der folgenden Nacht wiederholen die beiden das Komplott; nun geht die jüngere zum Vater, „und er ward's nicht gewahr, als sie sich legte noch als sie aufstand". Seltsamerweise schildert die Geschichte nicht, ob Lot jemals von dem Inzest erfahren hat. Nur dass die beiden Frauen Söhne gebaren, ist bekannt. Was für eine Verstrickung: Der Vater, der seine Töchter dem wütenden Mob preisgeben wollte, zeugte den beiden ungeliebten Frauen nun Kinder. Neben ihrem grausamen Inhalt ist die Geschichte ein weiterer Beleg dafür, dass die Bibel von Männern geschrieben wurde. Lot wird auf einfache Weise die Verantwortlichkeit genommen. Ein betrunkener Mann ist schließlich unzurechnungsfähig. Und prompt liegt die Schuld – mal wieder – bei den Frauen. Diese so einfache wie wirksame Verschiebung wirkt bis heute fort. Auch die Männer der Aufklärung übernahmen sie. „Kam auf die Menschheit nicht durchs erste Weib der Fluch?", fragte der Schriftsteller Christoph Martin Wieland (1733-1813) und fügte als Beispiel an: „Von seinen Töchtern ward der fromme Lot betrogen." Der Vater als Opfer – diese patriarchale Sichtweise hält sich hartnäckig.

Lot ist nicht der einzige Bibelmann, der Gewalt gegen Frauen aus der eigenen Familie tolerierte. Stammvater Jakob erlebte mit, wie seine Tochter Dina von einem kanaanäischen Prinzen vergewaltigt wurde (1. Mose 34). Danach verliebte der sich in sein Opfer und „redet freundlich mit ihr". Also bat er bei Jakob um ihre Hand. Als Dinas Brüder Simeon und Levi von der Schändung ihrer Schwester erfuhren, rächten sie die Schandtat und erschlugen „alles, was männlich war". Jakob war mit dem rabiaten Rachefeldzug seiner Söhne nicht einverstanden. Die beiden betrachteten es aber als brüderliche Ehrensache: „Durfte er denn an unserer Schwester handeln wie an einer Hure?" Weil der Vater es nicht kann, springen die Söhne ein und übernehmen die väterliche Schutzrolle: ein sinnvolles Modell, wie Kinder mit einem schwachen Vater umgehen können?

Die Bibel erzählt eine weitere Geschichte, in der ein Bruder die Rolle des Vaters übernahm (2. Samuel 13). Amnon, der älteste Sohn König Davids, hatte sich hoffnungslos in seine schöne Halbschwester Tamar verliebt, die noch Jungfrau war. Doch die Schöne erhörte sein Flehen nicht. Amnons Freund Jonadab hatte einen Rat: Amnon solle sich krank stellen und bei David um Tamar als Pflegerin bitten. So geschah es. Während sich Tamar hilfsbereit um ihren vermeintlich kranken Halbbruder kümmerte, ihn sogar fütterte, „überwältigte er sie und wohnte ihr bei". Absalom rächte seine Schwester und ließ Amnon im betrunkenen Zustand töten.

Gewalt und Gewalttoleranz von Vätern: Das Thema ist bis heute aktuell. Die Zeiten haben sich geändert, die Ansprüche auch. Die menschlichen Abgründe jedoch gibt es durch die Zeiten hindurch bis heute.

Jeftah

Ist Glaube mehr wert als das Leben?

Was ist wichtiger: das Einhalten eines Gelübdes gegenüber Gott oder ein Menschenleben? Die allermeisten
Gläubigen antworten spontan: natürlich das Leben.
„Gott ist ein Freund des Lebens" und ähnliche Formu-
lierungen sind dann zu hören. Jene Gläubigen, die von
der fundamentalistischen Spielart des Glaubens geprägt
sind – egal ob christlich, muslimisch oder jüdisch –,
zögern bisweilen. Sie sprechen gerne von der „unbe-
dingten Treue", die Gott (oder Allah) fordere. Viele von
ihnen haben ihr Leben ganz dem Gott verschrieben, an
den sie glauben. Wenn dann noch Prediger mit Cha-
risma und rhetorischen Tricks ihre Manipulationskünste
anwenden, ist Gewalt gegen Menschen kein Gegensatz
zum Respekt gegenüber dem Leben mehr. Die Extrem-
formen dieses fehlgeleiteten Glaubens fordern fast täglich
Opfer irgendwo auf der Welt. Islamistische Attentäter
sprengen sich selbst und unschuldige Passanten in die
Luft – im Namen Allahs. Orthodoxe Juden randalieren

in Jerusalem und riskieren Menschenleben, um die Sabbatruhe durchzusetzen. Fanatische Christen, die sich paradoxerweise „Lebensschützer" nennen, attackieren in den Vereinigten Staaten Ärzte, die Abtreibungen vornehmen. Ja, Religion hat auch eine dunkle Seite. „Ich bin Leben, das leben will, inmitten von Leben, das leben will": Diese Einsicht des Arztes und Theologen Albert Schweitzer (1875−1965) hat sich leider nicht durchgesetzt.

Wie Glaube und wirklicher Lebensschutz voneinander getrennt werden, können einige Stellen der Bibel veranschaulichen, auch das Thema Kinderopfer. Im Gebiet des alten Israel waren sie als Rituale der kanaanäischen Kulte nicht unbekannt. Eine Opferstätte befand sich im Hinnomtal südlich Jerusalems. Hier ließen Väter ihre Söhne „durchs Feuer gehen" − ein Synonym für den Tod im Feuer (Jeremia 7,31; 32,25). Sogar Ahas, ein israelischer König (um 735 v. Chr.), übernahm „diese gräulichen Sitten der Heiden" (2. Könige 16,3).

Dasselbe Thema taucht auch in der Geschichte des Jeftah auf. Er war − wie Stammvater Abraham − bereit, sein eigenes Kind zu opfern. Abraham ließ sich im letzten Augenblick von der Ermordung seines Sohnes abhalten. Jeftah hingegen tötete seine Tochter. Und zwar nur, um der vermeintlichen Erwartung Gottes zu genügen.

Ein Gelübde und seine Folgen

Jeftah, ein kampfeslustiger Mann aus Gilead, war der Sohn einer Hure (Richter 11). Als die Ehefrau seines

Vaters selbst Söhne bekam, „stießen sie Jeftah aus und sprachen zu ihm: Du sollst nicht erben in unserer Familie, denn du bist der Sohn einer andern". Jeftah floh vor seinen Brüdern und siedelte sich im Lande Tob an. Er scharte „lose Leute" um sich, Banditen, Kriminelle, Freischärler. Die kleine Bande ging auf räuberische Streifzüge durch die Gegend.

Einige Zeit später führten die Israeliten Krieg gegen die Ammoniter. Da erinnerten sich Jeftahs Verwandte wieder an ihn und seine Kampfeslust, und es „gingen die Ältesten von Gilead hin, um Jeftah aus dem Lande Tob zu holen". Die Gesandten versuchten, Jeftah zum Heerführer zu machen: „Komm und sei unser Hauptmann, damit wir gegen die Ammoniter kämpfen." Aus seiner Verwunderung über das wiedererwachte Interesse seiner Verwandtschaft machte Jeftah keinen Hehl. „Seid ihr es nicht, die mich hassen und aus meiner Familie ausgestoßen haben?", fragte er die Ältesten, „und nun kommt ihr zu mir, weil ihr in Bedrängnis seid?" Die Ältesten versprachen Jeftah, dass sie ihn zu ihrem Oberhaupt machen würden, wenn er die Ammoniter besiegte. Dieses Angebot mochte er nicht ausschlagen und willigte ein.

Welche Strategie sollte er anwenden? Zunächst versuchte Jeftah, mit den Ammonitern zu verhandeln. Als das zu keinem Ergebnis führte, musste er sein Heer in den Kampf schicken. Jeftah verließ seine Familie in Mizpah und zog in den Krieg. Und da passierte es. Um sich Gottes Schutz zu versichern, tat Jeftah das verhängnisvolle Gelöbnis: „Gibst du die Ammoniter in meine Hand, so soll, was mir aus meiner Haustür entgegengeht, wenn ich von den Ammonitern heil zurückkomme, dem Herrn gehören und ich will's als Brandopfer darbringen" (Richter 11,30f). Der Kampf tobte, Jeftahs Heer besiegte die Ammoniter auf ganzer Linie, denn „der Herr gab sie in seine Hände".

Triumphierend ritt Jeftah wieder nach Hause. Seinen Schwur hatte er nicht vergessen. Vermutlich dachte er, eine Katze oder ein Esel würde ihm entgegenkommen. Aber nein: Seine Tochter kam aus dem Haus, „mit Pauken und Reigen", fröhlich über die Rückkehr des Vaters. Ihren Namen nennt die Bibel nicht. Wohl aber betont sie, dass sie Jeftahs „einziges Kind war, er hatte sonst keinen Sohn und keine Tochter". Jeftah, ein Vater im Schockzustand. Aus Ärger und Entsetzen „zerriss er seine Kleider und sprach: Ach, meine Tochter, wie beugst du mich und betrübst mich! Denn ich habe meinen Mund aufgetan vor dem Herrn und kann's nicht widerrufen" (Richter 11,35).

Nicht nur Jeftah war überzeugt, dass er sein Gelübde nicht brechen dürfe. Auch seine Tochter trug die schreckliche Nachricht mit Fassung und sagte zu ihm: „Mein Vater, hast du deinen Mund aufgetan vor dem Herrn, so tu mit mir, wie dein Mund geredet hat, nachdem der Herr dich gerächt hat an deinen Feinden, den Ammonitern" (Richter 11,36). Lediglich zwei Monate Aufschub erbat sie sich, um mit ihren Freundinnen ihre Jungfrauschaft zu beklagen. Denn ein Leben, in dem man keine Kinder bekommen hatte, galt damals als äußerst schmachvoll. Übrigens auch für Jeftah, denn sie war seine einzige Tochter, und mit ihrem Tod starb auch die Hoffnung auf seine Nachkommenschaft. „Der

Alten Krone sind Kindeskinder, und der Kinder Ehre sind ihre Väter" (Sprüche 17,6), heißt es zum Beispiel an anderer Stelle der Bibel.

Obwohl sie wusste, was mit ihr geschehen sollte, floh Jeftas Tochter nicht, sondern kam nach den zwei Monaten „zurück zu ihrem Vater. Und er tat ihr, wie er gelobt hatte."

Kinderopfer – übertragen und real

Eine schreckliche Geschichte, die heute schwer nachvollziehbar ist. Zumindest die Fragestellung, die in ihr steckt, ist für heutige Väter noch so aktuell wie damals: Was ist mir wirklich wichtig im Leben? Erfolg und Karriere oder die Zeit mit den eigenen Kindern? Opfere ich – im übertragenen Sinne – meine Kinder meinem beruflichen oder persönlichen Vorankommen?

In anderen Regionen der Welt sind Kinderopfer jedoch noch im wörtlichen Sinn ein Thema. Zum Beispiel in Afrika. In Uganda gehen Aberglaube und Kapitalismus eine unselige Verbindung ein. Angeblich soll die Opferung von Kindern die Aussicht auf geschäftliche Erfolge steigern. Ein „Hexendoktor" berichtet Zeitungsmeldungen zufolge Schreckliches: Geschäftsleute bieten ihm viel Geld, damit er vermeintlich segensreiche Körperteile von Kindern besorgt und so die Kinder verstümmelt. Der Glaube dahinter: „Die Geister brauchen Blut, um Macht zu haben!" Viele der traditionellen Medizinmänner mögen sich an diesen Aufträgen nicht bereichern. Um die Kunden abzuschrecken, empfehlen sie Vätern, ihre eigenen Kinder zur Tötung zu bringen. Bisweilen mit Erfolg kommen die Auftraggeber dem Wunsch nach. Glück und Reichtum sind stärker als die Liebe zu den eigenen Kindern. Die Kirchen verurteilen dieses Unrecht in aller Öffentlichkeit. Das Vergießen unschuldigen Blutes sei „ein Fluch", erklärte der anglikanische Erzbischof Henry Orombi (Kampala) in einem Pastoralbrief und fordert harte Strafen.

Schätzungen gehen davon aus, dass allein in Uganda etwa jede Woche ein Kind auf diese Weise getötet wird. In Westafrika erleiden laut UNICEF Zehntausende Kinder das Schicksal, als „Hexenkinder" verfolgt zu werden. Sogar die eigenen Eltern vermuten in Kindern das Böse am Werk und richten sie grausam hin, angestachelt durch Stammeszauberer. Die destruktive Macht der Religion schlägt hier zu. Kirchen versuchen, sie einzudämmen.

Ist das alles weit entfernt und mit unserem aufgeklärten, vermeintlich zivilisierten Denken nicht in Einklang zu bringen? Einige Medien versuchen, am Beispiel der Kinderopfer einen Spalt zwischen die sogenannte zivilisierte und die archaische Welt zu treiben. Hier die anständigen Lebensbewahrer, die sämtliche Menschenrechte befolgen. Dort die rückständigen Völker, die noch immer nicht verstanden haben, dass jeder Mensch ein Lebensrecht hat.

In der globalen Welt erweisen sich diese Trennungen als hinfällig. Sicher, die Menschen in der vermeintlich zivilisierten Welt bringen keine Kinder um. Nicht direkt jedenfalls. Doch werden viele der Produkte, die in der reichen Welt gekauft werden, in den armen Ländern produziert. Und einige fordern Opfer – auch unter Kindern. In Indien etwa klopfen Kinder unter schrecklichen Bedingungen Pflastersteine für deutsche Straßen. In Bangladesch arbeiten Kinder unter erbärmlichsten Umständen in Textilfabriken. In Afrika schuften Kinder im Bergbau, holen Diamanten und sogenannten Seltene Erden aus dem Boden, die für die Luxustechnik der Industrienationen benötigt werden. Auf afrikanischen Müllhalden wühlen Kinder im Computerschrott der reichen Länder, atmen die lebensbedrohlichen Gifte brennender Platinen ein. Im Namen – nein, nicht Gottes, sondern des Wohlstands lassen Kinder ihr Leben. Und zwar in einsamer Abgeschiedenheit. Denn die Profiteure der billigen Kinderschufterei wissen meist nichts von deren Unglück. Ein perfektes System mit vielen (Kinder-)Opfern. Tragischerweise gehören die Armen hierzulande zu den größten Nutznießern. Denn aus Geldnot müssen sie ausgerechnet jene Produkte kaufen, die Arme in anderen Ländern produzieren, manchmal unter Lebensgefahr.

Wie Jeftahs Tochter doch überlebte

Wer die Bibel wohlwollend aufschlägt, nach Orientierung sucht und auf die Geschichte Jeftahs stößt, ist schockiert. Warum steht so etwas Grausames in der sogenannten Heiligen Schrift? „Manche sind der festen Überzeugung, dass sie nicht geopfert wurde, doch der

Text ist zu deutlich, um diese Auslegung zuzugestehen", wunderte sich auch Martin Luther. Die Redakteure, die die biblischen Bücher sammelten und zu einem großen Ganzen machten: Sie hätten doch diese Geschichte – wie viele andere auch – einfach weglassen oder ihr eine andere Wendung geben können?!

Das haben sich viele kreative Bibelliebhaber gedacht. Sie nahmen den Stoff der Geschichte und schmückten ihn mit ihrer Fantasie aus. Der jüdische Schriftsteller Lion Feuchtwanger (1884–1958) erzählte die Geschichte mitreißend in seinem Roman *Jefta und seine Tochter* nach. Er fügte eine Deutung an: Jeftah „hatte sein bestes, eigenstes Blut vergossen für einen Gott, der nicht war. Jefta der Held, Jefta der Narr … dafür hatte er die Tochter erschlagen, die liebe, die liebliche. Er hatte das beste, röteste Blut seines Leibes um nichts verschüttet". Der englische Geistliche Thomas Morell (1703–1784) verarbeitete den Stoff mit dem Komponisten Georg Friedrich Händel (1685–1759) zu einem Oratorium. Er verlieh dem Geschehen eine andere Wendung. Kurz vor der Opferung schildert er einen verzweifelten Jeftah: „Es muss gescheh'n! Das ist's, was quälend mir mit tausendfachem Schmerz die Brust zerreißt, mich martert bis zum Wahnsinn! Grauenvoll! Die einz'ge Tochter! mein teu'res Kind! durch mich geopfert! Ja, so war der Schwur … Ich kann nicht mehr." Ein Chor stimmt ihm zu: „Im Glauben ergeben, sprecht: Was uns geschieht, ist recht." Die letzte Hoffnung, die Jeftah bleibt: Seine Tochter – Morell nennt sie Iphis – möge nach dem Tod im Himmel Frieden finden. „Tragt sie, Engel, sanft mit euch auf zu den azur'nen Höh'n", ruft Jeftah, „lasst sie

herrlich mit euch geh'n in das ew'ge Himmelreich."
Noch immer fügt sich die Tochter bereitwillig in ihr
Schicksal: „Besseren Welten eil' ich zu, in dem Reich
der Lieb' und Ruh'." Dann tritt tatsächlich ein Engel
auf. Aber nicht, um die Tochter in den Himmel zu
geleiten, sondern um Jeftah zur Vernunft zu bringen.
„Hör, Jephtha!", ruft der Engel, „und ihr Priester all'
lasst ab vom blut'gen Werk! Kein Schwur entkräftet je
des Herrn Gesetz!" Die Tochter sei „nicht bestimmt
zum Opfertier, das niedersinkt zu sterben für den
Herrn".

Ist es statthaft, einer grausamen alten Geschichte ein
himmlisches Happyend zu geben? Immerhin: Händels
Oratorium rührt bis heute die Menschen. Weil es einen
Ausweg aus den Sackgassen zeigt, in die fromme Väter
bisweilen geraten.

Mittel gegen Depressionen

Kein Licht, nirgends. Dauerzustand: dunkel. Ein Sog in die Tiefe der Traurigkeit, dem selbst die stärksten Männer hilflos ausgeliefert sind. Trotz ansehnlichem Kontostand und beruflicher Karriere, trotz glücklicher Familie und wohligem Eigenheim, trotz körperlicher Fitness und beachtlichem Lebensstil: In der Männerseele herrscht nur Leere. Eine Wand schwarzer Gefühle. Worte reichen nicht aus für das, was depressive Männer durchleiden.

Wäre diese Krankheit doch greifbarer, die sich unter dem Namen „Depression" immer mehr Opfer sucht. Nur halb so viele Männer wie Frauen leben mit der Diagnose Depression. Die Statistik lügt nicht, doch sie trügt. Auf die dahinterliegende Wahrheit deuten andere Zahlen hin: Rund dreimal so viele Männer wie Frauen nehmen sich das Leben. In den meisten Fällen sind es Depressionen, die sie in den Suizid treiben. Die männliche Lebensmaxime, alles selbst in den Griff zu bekommen, kann hier tödlich enden. Denn Depressionen sind kein leichter Gegner.

Die Bibel wählt für diesen Gegner die Bezeichnung „böser Geist". Solch eine mythische Macht bedrängte Saul, den ersten König Israels (1. Samuel 9–31). Dessen Vatergeschichte trage die existenzielle Tiefe griechischer Tragödien, befand der Alttestamentler Gerhard von Rad. Warum? Weil die Lebensgeschichten zweier Kinder Sauls – Tochter Michal und Sohn Jonatan – untrennbar mit seinem Schicksal als gottverlassenen König verwoben sind.

Vorgestellt wird Saul als „junger, schöner Mann" und „es war niemand unter den Israeliten so schön wie er, eines Hauptes länger als alles Volk" (1. Samuel 9,2). Er war Sohn des Kisch, eines angesehenen Herdenbesitzers, der in den Bergen nördlich Jerusalems lebte. Eines Tages bemerkt Kisch das Fehlen von Eselinnen; er schickt Saul mit einem Knecht los, sie zu suchen. Einige Tage sind die beiden unterwegs, erfolglos. Da ereilt den Sohn Saul aus der Ferne Mitgefühl mit dem daheim wartenden Vater. Kisch könnte sich wegen der langen Abwesenheit „statt um die Eselinnen um uns sorgen", sagt er seinem Knecht. Der aber überredet Saul, zuvor noch einen Propheten zu besuchen, der sich in der Nähe aufhält. Dieser „Mann Gottes" heißt Samuel und hat seinerseits von Gott den Auftrag erhalten, Saul zum „Fürsten des Herrn" zu salben. Einigermaßen verdutzt fügt sich Saul in sein Schicksal. Wenig später stellt Samuel dem Volk Saul als ersten König Israels vor. Ob vom biblischen Verfasser beabsichtigt oder nicht: Dass von Sauls Vater

Kisch von nun an nicht mehr die Rede ist, legt eine Deutung nahe: Gott hatte den erwachsenen Sohn aus der elterlichen Sippe gerissen. Was Gott mit Saul vorhatte, übertraf die familiären Bande. Einmal nur hatte Saul zurückgedacht an seinen Vater, sorgenvoll sogar – dann hatte er quasi abgeschlossen mit ihm. Es ist dasselbe Motiv, das sich im Matthäusevangelium (19,29) findet, wo Jesus sagt: „Wer Häuser oder Brüder oder Schwestern oder Vater oder Mutter oder Kinder oder Äcker verlässt um meines Namens willen, der wird's hundertfach empfangen und das ewige Leben ererben." Manchmal ist offenbar ein radikaler Schnitt unabdingbar, um die eigene Berufung zu erkennen. So wie bei Saul, der als Herdenbesitzer aus dem „Hotel Papa" in das gottbegnadete Königsamt gerufen wurde.

Unfähiger König, unfähiger Vater?

Bei seiner Wahl zum König „jauchzte das ganze Volk und sprach: Es lebe der König!" (1. Samuel 10,24). Doch über Erfahrungen als Regent und Heerführer verfügte er nicht. Und so kam es, dass er schon bald schwere Niederlagen hinnehmen musste und sogar von Gott als König verworfen wurde. Gott hatte ihm befohlen, die feindlichen Amalekiter zu vernichten, doch Saul ließ den Amalekiterkönig Agag am Leben. Das erzürnte Gott so sehr, dass er Saul als König verwarf.

Statt Verantwortung zu übernehmen und sich doch noch würdig zu zeigen, verfiel Saul daraufhin in Depressionen. Um seine Stimmung zu bessern, suchten

seine Leute nach jemandem, der sie ihm mit Musik auf-
hellen könnte, und fanden David. Und „sooft nun der
böse Geist von Gott über Saul kam, nahm David die
Harfe und spielte darauf mit seiner Hand. So wurde es
Saul leichter und es ward besser mit ihm und der böse
Geist wich von ihm" (1. Samuel 16,23).

Musik ist ein Heilmittel gegen Depressionen. Sie
kann das männliche Schweigen brechen und auf nicht-
sprachlicher Ebene Kommunikation ermöglichen.
Gerade Männer stehen in der Gefahr, die Symptome
der Depression mit Schweigen zu verhüllen. Verdrän-
gen und Kompensieren entsprechen dem männlichen
Reaktionsrepertoire seit Urzeiten mehr, als sich dem
eigenen Seelenleid zu stellen. Da können die Anzeichen
noch so deutlich sein. Selbst wenn Hoffnungslosig-
keit und Müdigkeit zum Dauerzustand geworden sind,
wenn das schlechte Gewissen das gesamte Gefühlsleben lahmlegt und die Arbeit nur noch unter größten
Mühen geschafft werden kann: Viele Männer wehren
sich standhaft, auf die Signale des Körpers zu hören.
Sie wollen nicht wahrhaben, dass die Spirale des
Teufelskreises aus Resignation, Lebensleere und Sui-
zidgedanken mit jeder Verdrängung neue Abgründe
erreicht. Die Scham über Leere und Müdigkeit wiegt
schwerer als die Erkenntnis, sich selbst und anderen
den Blick in die eigene Seele gestatten zu müssen.
Es ist, als lagere sich der „böse Geist" zwischen den
Betroffenen und seine Mitmenschen. Heute arbeiten
Mediziner fieberhaft an der Ursachenforschung. Was
löst eine Depression aus? Eine genetische Disposition
ist erwiesen. Relativ gesichert ist, dass es sich um eine

Stoffwechselstörung des Gehirns handelt. Als unhaltbar hat sich die lange Jahre vorherrschende Unterscheidung von „endogenen" (ohne erkennbaren Auslöser entstandenen) und „psychogenen" (von einem äußeren Anlass wie Stress, Trauer, Lebenskrise verursachten) Depressionen erwiesen. Zu verwoben ist das Geschehen, das die Seele in die Finsternis führt. Neurobiologische Vorgänge spielen dabei offensichtlich eine wichtige Rolle. Bei Depressiven ist die Balance der für die Nachrichtenübermittlung im Nervensystem zuständigen Botenstoffe außer Kontrolle geraten, besonders von Serotonin und Noradrenalin. Andere Theorien behaupten plausibel, dass Depressionen auch mit einer Überproduktion des Stresshormons Cortisol zusammenhängen. Neuere Antidepressiva berücksichtigen diese Forschungsergebnisse und zeigen beachtliche Therapieerfolge.

Die biblische Depressionsgeschichte des Saul klingt auch aus einem Abstand von 3000 Jahren sehr modern. Sowohl in der Schilderung der Symptome als auch in der Form der Therapien. Davids Harfespiel erhellte Sauls Zustand. Dass Musik in solchen Seelenzuständen hilft, belegen inzwischen medizinische Studien. „Musik kann Veränderungen im Hirn auslösen, die über andere Wege nicht gelingen", meint zum Beispiel die Salzburger Forscherin Vera Brandes. An ihrer Universität wurde ein Musiktherapie-Konzept entwickelt. Statt eines Harfenspielers bekommen die Patienten ein Abspielgerät, auf dem eigens für diesen Zweck komponierte Musikstücke zu hören sind. Frequenz und Rhythmus der Stücke zielen direkt auf das zentrale Nervensystem. Weitere messbare Folgen sind die

Ausschüttung von Glückshormonen und eine Veränderung der Muskelaktivität und der Körpertemperatur sowie des Blutdrucks und von Herzfunktionen.

In altisraelitischen Zeiten waren diese Zusammenhänge nicht bekannt. Die Wirkung allerdings schon. Der depressive Saul war seinem Musiktherapeuten David sehr dankbar. Er ernannte ihn sogar zum Heerführer.

Damit sorgte Saul jedoch für neue Betrübnis. Denn als David erfolgreich wurde und viele Siege erlangte, wuchs in Saul die Eifersucht. Im Volk schienen die Sympathien auf den jungen, erfolgreichen David zu schwenken. Da bahnte sich ein ernstzunehmender Konkurrent für den Thron an. Die Eifersucht wuchs ins Unermessliche, als Sauls Kinder Kontakt zu David aufnahmen. Saul war Vater dreier Söhne: Jonatan, Jischwi, Malkischua – und zweier Töchter: der erstgeborenen Merab und Michals. Die jüngere nun „hatte David lieb". Saul willigt in die Heirat ein – aber aus niederen Motiven. Er hofft, dass sie ihm „zum Fallstrick" werden würde. Denn als Bedingung für die Eheschließung erbat Saul eine hohen und vermeintlich tödlichen Brautpreis von David: Hundert Vorhäute der feindlichen Philister soll er bringen. Für den forschen und kampferfahrenen David kein Problem – er bringt zweihundert. Saul muss sein Versprechen einhalten und gibt ihm seine Tochter zur Frau. Innerlich jedoch verbittert Saul nun vollends, „David wurde sein Feind sein Leben lang" (1. Samuel 18,29).

Der Vater Saul hatte sich in eine scheinbar ausweglose Situation bugsiert, die seine Depressionen verstärkte. Die eigene Tochter war mit seinem Konkurrenten liiert.

Gleichzeitig nahm Saul das heilende Harfenspiel Davids weiter in Anspruch. Sauls Seele war jedoch so verbittert, dass er beim Vorspiel Mordfantasien hegte. Einmal warf er sogar mit einem Spieß nach dem musizierenden David, ein anderes Mal schickte er Helfer, die David nach dem Leben trachten sollten. Sauls Tochter Michal warnt und beschützt ihren Mann vor den väterlichen Schergen (1. Samuel 19,9–17).

Saul muss weiter leiden, seine Vatergefühle geraten in einen noch größeren Strudel. Ein weiteres Kind befreundet sich mit David: Jonatan. Auch er versucht, David vor den Attacken des Vaters zu schützen. Mit Erfolg. Saul kann die Loyalität seines Sohnes mit David nicht ertragen und beschimpft ihn maßlos: „Du Sohn einer ehrlosen Mutter! Ich weiß sehr wohl, dass du den Sohn Isais erkoren hast, dir und deiner Mutter, die dich geboren hat, zur Schande!" Er befiehlt ihm, David zu holen; als Jonatan sich weigert, versucht Saul, den eigenen Sohn zu töten (1. Samuel 20,24–43).

Die Unzufriedenheit mit sich selbst wollte bis zum Ende nicht von Saul weichen. Verzweifelt wandte er sich sogar an eine Totenbeschwörerin, die für ihn Kontakt zum toten Samuel aufnehmen sollte (1. Samuel 28,3–25). Doch auch dort wurde er wieder nur an sein einstiges Versagen und Gottes Zorn erinnert. Außerdem sagte ihm die Totenbeschwörerin eine Niederlage gegen die Philister und seinen Tod voraus. Der kommt auf grausame Weise: Erst sterben Sauls drei Söhne auf dem Schlachtfeld. Dann umzingeln die Gegner Saul, sodass er keinen anderen Ausweg für sich sieht als den Freitod. Er befiehlt seinem Waffenträger, ihn zu töten

– doch der verweigert den Befehl. Saul bleibt keine andere Möglichkeit, als sich selbst zu erstechen: Er „nahm das Schwert und stürzte sich hinein" (1. Samuel 31,4). Im Tod sind Vater und Sohn miteinander vereint.

David beweint beide und stimmt ein Klagelied an: „Die Edelsten in Israel sind auf deinen Höhen erschlagen. Saul und Jonatan, beliebt und einander zugetan, im Leben und im Tod nicht geschieden" (2. Samuel 1,19.23).

Saul, ein Versager?

Sauls Geschichte klingt wie ein einziges Versagen und lässt vermuten, Gott hätte ihn tatsächlich völlig verworfen. Doch warum kann David dann im Rückblick so anderes über ihn aussagen? Irgendetwas muss Saul als König und als Vater also doch geschafft haben. Möglicherweise erzählt die biblische Geschichte das Geschehen vor allem aus Sauls eigener depressiv gefärbter Sicht. Saul hatte das Gefühl, versagt zu haben, militärisch und als Vater. Seiner Empfindung nach hatten sich seine Kinder gegen ihn gestellt. Das Gefühl, ein Versager zu sein, hat ihn offenbar zeitlebens nicht losgelassen. Anstatt sich mit sich selbst und mit Gott auseinanderzusetzen, suchte er die Schuldigen in seinem Umfeld: David. Michal. Jonatan. Saul konnte nicht erkennen, dass alle drei es gut mit ihm meinten. Seine Seele war so verdunkelt, dass er die Liebe und die Hilfsangebote seiner Kinder nicht erkennen konnte.

Auch heute ist es für Kinder psychisch kranker Eltern schwer, mit deren schwankenden Stimmungen und Einfällen klarzukommen. Oft sehen sich die Kinder gezwungen, die Erwachsenenrolle zu übernehmen, da die Eltern in ihrer kindlichen Hilflosigkeit verharren und nicht in der Lage oder bereit sind, Verantwortung zu übernehmen.

Anstatt glücklich zu sein, dass seine Kinder so selbstbewusst waren, dass sie ihren Mann und Freund David gegen ihn verteidigten, beschimpfte Saul auch seine Kinder. Die Geschichte Sauls zeigt, wie wichtig es als Vater ist, die Verantwortung für das eigene Leben selbst zu übernehmen und die Schuld für ungute Gefühle nicht bei anderen zu suchen.

Ein Held beweint den toten Sohn

David, ein Hirtensohn, der sich seinen Feinden uner-schrocken stellte und schließlich König wurde und Vater. Interessierte er sich in seinen Jugendjahren eher für sein Heldendasein als siegreicher Kämpfer als für seine Kinder, wird er im Alter zum nachgiebigen und liebevollen Vater, der bitterlich um den Verlust seines Sohnes weint.

Wie ein junger Hirte zum König wird

David selbst war der jüngste Sohn eines Hirten. Sein Vater wird bei Davids Geburt kaum damit gerechnet haben, dass sein Sohn einmal König ganz Israels werden könnte. Doch die außergewöhnliche Kombination zweier gegensätzlicher Talente verschaffte David schon früh Zugang zum Hof König Sauls und letztendlich auch zum Thron: Ein besonders einfühlsamer Musiker soll David gewesen sein – später wurden ihm viele der Psalmen zugeschrieben – und auch ein Mann voll unerschrockenen Heldenmutes. Ob ihm beides „in die Wiege gelegt" wurde? Klar ist: Davids Vater Isai kannte diese beiden Talente seines Sohnes. Sonst hätte er eines Tages, als die Knechte König Sauls zu ihm kamen, David nicht an den Hof geschickt. Die Boten hatten jemanden gesucht, der Harfe spielen konnte. Davids Ruf als tapferer und musikalischer junger Mann eilte ihm voraus. Väterliches Vertrauen stand also am Beginn der Karriere des Hirtenjungen David. Isai gab ihm Brot und Wein als Geschenke für den König mit und war offensichtlich überzeugt, dass sein Sohn der Situation gewachsen sei.

Schnell lernte auch König Saul die Begabungen Davids zu schätzen. Mit seinem Harfenspiel vermochte David Sauls Depressionen zu lindern: „Sooft der böse Geist von Gott über Saul kam, nahm David die Harfe und spielte darauf mit seiner Hand. So wurde es Saul leichter und es ward besser mit ihm und der böse Geist wich von ihm" (1. Samuel 16,23). Außerdem erwies David ihm gute Dienste im Kampf gegen die feind-lichen Philister. Ja, der schmächtige junge Mann, dem nicht einmal eine Rüstung passte, soll den Riesen Goliat sogar mit nur einem einzigen Stein aus seiner Schleuder niedergestreckt haben (1. Samuel 17).

Schnell stieg David zum Heerführer auf und wurde erfolgreicher als Saul. Das weckte bei Saul den Neid und die Eifersucht. Immer öfter ließ der König seine Launen an David aus und trachtete ihm schließlich sogar nach dem Leben. David floh, sammelte Männer um sich, „die in Not und Schulden und verbitterten Herzens" (1. Samuel 22,2) waren, und lebte eine Weile als Freibeuter in der Wüste. Zweimal hatte er die Gelegenheit, Saul zu töten, doch er begnügte sich damit, einen Beweis für diese Gelegenheit an sich zu nehmen, verschonte den König und freundete sich stattdessen mit dem Philisterkönig Achisch an, gegen dessen Leute er bisher so erfolgreich gekämpft hatte. Auch in seinen Diensten errang David als Heerführer Sieg um Sieg.

Erst als Saul gestorben war, wurde David, der inzwischen mehrere Frauen hatte, König über Juda, den einen Teil des Landes. Und er wurde Vater. Sechs Frauen schenkten ihm jeweils einen Sohn. Wie es dem jungen Draufgänger mit seinen kleinen Kindern erging, verrät die Bibel nicht. Womöglich ging er einfach davon aus, dass sie bei seinen Frauen schon gut versorgt seien. Zumal er selbst offensichtlich vollauf mit weiteren Heldentaten beschäftigt war. König über ganz Israel wurde er nun. Er holte die Bundeslade, das größte Heiligtum seines Volkes, nach Jerusalem. Und er kämpfte und gewann wie eh und je gegen Philister, Moabiter und Ammoniter.

Ein verhängnisvoller Fehler

Warum der sonst so begeisterte Kämpfer David zu Hause blieb, als erneut eine Zeit anbrach, in der die Könige normalerweise ins Feld zogen, verrät die Bibel nicht. David jedenfalls blieb in Jerusalem und spazierte abends auf dem Dach seines Hauses herum, statt zu kämpfen. „Da sah er vom Dach aus eine Frau sich waschen; und die Frau war von sehr schöner Gestalt. Das ist doch Batseba, die Frau Urias" (2. Samuel 11,2), erfährt er. Draufgängerisch wie immer, lässt er die Frau sofort holen. „Und als sie zu ihm kam, wohnte er ihr bei. Und die Frau ward schwanger" (2. Samuel 11,4f). Und nun hatte David ein Problem.

Um zu verhindern, dass der Ehebruch aufflog, ließ er Uria sofort von einem Feldzug zurückrufen und versuchte ihn dazu zu überreden, sich nach all den Anstrengungen wieder Zeit mit seiner Frau zu gönnen. Aber es war nichts zu machen. Uria fieberte nur auf den nächsten Kampf hin. An Liebesnächte schien er nicht zu denken. Nicht einmal als David ihn betrunken machte, zeigte er Interesse an seiner Frau. Die Zeit drängte, Batsebas Babybauch wuchs, bald würde Uria merken, dass da etwas faul war. Da fasste David einen unglaublichen Entschluss, der schließlich auch seinen ungeborenen Sohn das Leben kosten sollte. Er befahl seinen Leuten: „Stellt Uria vornehin, wo der Kampf am härtesten ist, und zieht euch hinter ihm zurück, dass er erschlagen werde und sterbe" (2. Samuel 11,15). Kurz darauf starb Uria im Kampf. Nachdem Batseba die offizielle Trauerzeit hinter sich hatte, nahm David sie zur Frau, und sie gebar ihm einen Sohn. Problem geschickt gelöst?

Nein. Denn „dem Herrn missfiel die Tat, die David getan hatte" (2. Samuel 11,27). Der frischgebackene Vater erfuhr von einem Propheten, dass Gott ihm zur Strafe den kleinen Sohn wieder nehmen werde. Als der Sohn todkrank wurde, betete David verzweifelt zu Gott, fastete und schlief nachts auf dem Fußboden. Niemand konnte ihn dazu überreden, aufzustehen oder wieder etwas zu essen. Doch kein Beten und Flehen half. Nach sieben Tagen starb sein Sohn.

Trauern Helden nicht?

„Die Männer Davids fürchteten sich, ihm zu sagen, dass das Kind tot sei" (2. Samuel 12,18), denn als es noch lebte, war David so verzweifelt. Was würde nun erst passieren, wenn man ihm sagte, dass das Kind tot ist! „Er könnte Unheil anrichten." Doch David merkte, dass die Männer tuschelten und wusste sofort, dass sein Kind gestorben war. Allerdings schien ihn das nun gar nicht mehr zu schocken. Er stand auf, machte sich frisch, betete zu Gott und aß etwas. Seiner Leute wundern sich und fragen ihn, was denn los sei: „Als das Kind lebte, hast du gefastet und geweint; nun es aber gestorben ist, stehst du auf und isst?" (2. Samuel 12,21). Da antwortete er ihnen seelenruhig: Als das Kind noch lebte, habe ich gedacht, ich kann durch mein Weinen und Flehen etwas bewirken und seinen Tod verhindern, aber nun ist es tot, und ich kann es nicht mehr zurückholen. Statt um den Verlust seines Sohnes zu weinen, tröstete er Batseba und schlief mit ihr. Die beiden zeugten einen weiteren Nachkommen, den sie Salomo nannten.

Was da bloß mit David los war, fragt sich auch der Bibelleser. Ist es ihm peinlich, Trauer über den verstorbenen Sohn zu zeigen? Hielt er Trauer um ein kleines

Kind für unmännlich? – immerhin war die Kindersterb-lichkeit damals weitaus höher als heute. Oder trauerte er innerlich und zeigte seinen Schmerz nur nicht?

Auf Frauen wirkt der Umgang ihrer Männer mit dem Verlust eines Kindes auch heute oft befremdlich. Nicht selten zerbrechen Beziehungen, weil die Frauen nicht verstehen, warum der Mann sich nach so einem Ereignis in sich zurückzieht oder sich nun erst recht in die Arbeit stürzt. Psychologen wissen heute, dass Väter oft noch eine weniger starke Bindung zu ihren kleinen Kindern haben als die Mütter. Die Trauer um ein früh verstorbenes Kind hängt bei den Vätern stark damit zusammen, inwieweit sie sich das Leben mit dem Kind schon ausgemalt haben. Außerdem trauern Männer, anders als die meisten Frauen, oft innerlich. Ein Kind zu verlieren ist auch eine Ohnmachtserfahrung. Sie konfrontiert Menschen mit ihrer eigenen Hilflosigkeit. Und das wollen Männer oft nicht spüren, widerspricht eine solche Form von Schwäche doch dem traditio-nellen Rollenverständnis vieler Männer, die zudem oft meinen, ihren scheinbar viel intensiver trauernden Frauen heldenhaft zur Seite stehen zu müssen.

Vielleicht erging es David ähnlich, vielleicht hatte auch er nur Angst davor, seine Gefühle über den Verlust seines Sohnes offen zu zeigen, und versteckte seine Trauer hinter dem Sarkasmus. Ein Held, der sein Leben lang allen Feinden mutig entgegentrat, wie kann der trauern um den Verlust eines Kindes? Er würde sich doch lächerlich machen!

David schützt einen Vergewaltiger

Ein zweites Ereignis hätte nach heutiger Ansicht eigentlich Davids Vaterseele erschüttern müssen – doch er bleibt auch nun wieder seltsam tatenlos. Neben seinen schon erwähnten Söhnen hatte David auch Töchter. Eine von ihnen hieß Tamar; deren Halbbruder Amnon verliebte sich in sie und konnte an nichts anderes mehr denken. Um die Nähe der Verehrten zu erschleichen, heckte Amnon einen Plan aus: Er legte sich auf den Rat eines Freundes hin in sein Bett und stellte sich krank. Sein Vater David besuchte den kranken Sohn, Amnon verlangte von ihm: „Lass doch meine Schwester Tamar kommen, dass sie vor meinen Augen einen Kuchen oder zwei mache und ich von ihrer Hand nehme und esse" (2. Samuel 13,6). Der besorgte Vater ließ seine Tochter sofort rufen. Ein großer Fehler, wie sich später herausstellt, denn als Tamar ihrem Bruder die frischen Kuchen reichte, packte der sie, obwohl sie sich wehrte, „überwältigte sie und wohnte ihr bei". Gleich danach „wurde er ihr überdrüssig, sodass sein Widerwille größer war als vorher seine Liebe. Und Amnon sprach zu ihr: Auf, geh deiner Wege!" (2. Samuel 13,14f).

Als David von dieser Vergewaltigung erfuhr, wurde er zwar „sehr zornig". Doch er tat „Amnon nichts zuleide, denn er liebte ihn, weil er sein Erstgeborener war" (2. Samuel 13,21). Während der Vater über die Sache wegzusehen schien, wuchs in seinem Sohn Absalom der Hass auf den Bruder, der Tamar so gequält hatte.

Verschonte David seinen Sohn Amnon tatsächlich aus väterlicher Liebe? Warum schien diese Liebe Tamar gegenüber völlig zu fehlen? Der Bibeltext lässt viele Fragen offen. Möglicherweise liebte er seinen Erstgeborenen deshalb besonders, weil er schließlich einmal der Thronfolger werden sollte. Vielleicht aber erinnerte er sich auch an seine eigenen Eskapaden mit Batseba und traute sich kein Urteil zu. Die Leidtragende bleibt in jedem Fall seine Tochter Tamar – ihr Bruder Absalom, Davids dritter Sohn, wird anstelle seines Vaters vergelten, was ihr angetan wurde. Er lässt Amnon umbringen.

Späte Trauer

Das Verhältnis Davids zu seinem Sohn Absalom war gespalten. Immer wieder zettelte der Sohn Machtkämpfe mit dem Vater an, worauf der alternde Held David stets nachgiebig reagierte.

Zunächst trat Absalom jedoch als Rächer seiner Schwester Tamar hervor. Ob es ihm dabei wirklich nur um seine Schwester ging oder ob es ihm auch gelegen kam, den rechtmäßigen Thronerben aus dem Weg räumen zu können, das lässt die Erzählung offen. Jedenfalls ließ Absalom erst zwei Jahre verstreichen, bevor er Amnon töten ließ. Aus Angst vor der Reaktion seines Vaters floh er daraufhin zu seinem Großvater mütterlicherseits. Natürlich war David entsetzt, auch weinte er diesmal über den Verlust des Erstgeborenen, doch er tat wie so oft – nichts (2. Samuel 13,23–37). Drei Jahre lang grollte David Absalom im Stillen, doch als er den Tod Amnons verwunden hatte, begann er Absalom zu vermissen. Davids Vertrauter Joab bemerkte dies, und da David nie offen zugegeben hätte, dass er Absalom gerne wieder bei sich gehabt hätte, wendete Joab eine List an, um den Sohn wieder zurückholen zu können. Zwei weitere Jahre wollte David seinen Sohn nicht sehen. Doch der ließ nicht locker. Als David einem Treffen zustimmte und seinen Sohn sah, gab er Absalom einen Versöhnungskuss.

Viel scheint Absalom diese Versöhnung jedoch nicht bedeutet zu haben, denn schon bald darauf versuchte er, den Vater vom Thron zu stürzen.

Die Bibel lobt Absaloms Schönheit und vor allem seine Haarpracht, die als Zeichen der Manneskraft galt. Doch ausgerechnet diese langen Haare sollten ihn am Ende das Leben kosten. Stück für Stück versuchte Absalom, seinen Vater beim Volk unbeliebt zu machen. Als in der Bevölkerung die Unzufriedenheit mit König David wuchs, ergriff Absalom die Gelegenheit, überrumpelte seinen Vater und vertrieb ihn aus Jerusalem.

In einem Wald im Ostjordanland wurde der Machtkampf fortgeführt. Der unerfahrene Absalom ritt auf einem Maultier in den Wald hinein. „Und als das Maultier unter eine große Eiche mit dichten Zweigen kam, blieb sein Haupt an der Eiche hängen und er schwebte zwischen Himmel und Erde; denn sein Maultier lief unter ihm weg" (2. Samuel 18,9). Entgegen Davids Mahnung, Absalom zu verschonen, „nahm Joab drei Stäbe in die Hand und stieß sie Absalom ins Herz, als er noch lebend an der Eiche hing".

Als David vom Tod seines Sohnes hörte, „erbebte der König ... und weinte" und rief voller Verzweiflung: „Mein Sohn Absalom! Mein Sohn, mein Sohn Absalom! Wollte Gott, ich wäre für dich gestorben" (2. Samuel 19,1).

Diesmal lässt David seiner Trauer über das verlorene Kind freien Lauf. Hat er inzwischen gelernt, dass es sogar für einen Riesen bezwingenden Helden irgendwann zu viel wird, wenn er die Sorgen und die Trauer um seine Kinder immer nur in sich hineinfrisst? Oder hat er vielleicht erfahren, was trauernde Väter auch heute oft berichten: Wer sich der Trauer ehrlich stellt, wer seine Hilflosigkeit und Schwäche anzunehmen lernt und bereit ist, sein eingefahrenes Männerbild in Frage zu stellen, der erfährt auch, was er sich bisher alles versagt hat. Gefühle der Hilflosigkeit und Verzweiflung gehören zum Leben dazu – auch zum Leben von Vätern und Ehemännern, die eigentlich gerne das starke Rückgrat der Familie wären.

So kann David, der Held, der am Ende seines Lebens offen zu trauern lernte, verzweifelten Vätern vielleicht auch heute noch Mut machen, sich Trauer zu erlauben. Denn seine Geschichte zeigt: Auch Männern, die Schwächen und Gefühle zulassen, kommt ihre Männlichkeit nicht abhanden. Im Gegenteil.

Salomo

Väterliche Weisheit

Wenn der kleine Sohn einfach nicht zum Einschlafen zu bewegen ist, die pubertierende Tochter die väterlichen Ermahnungen zu überhören scheint und die immer gleichen Diskussionen nie zu einem Ergebnis führen, liegen die väterlichen Nerven schnell blank. Vom Märchen über Filme bis zur Ratgeberliteratur: Überall wird gezeigt, wie man als Vater eigentlich zu sein hätte. Aber nur selten schaffen Väter es, ihren eigenen Ansprüchen auch nur annähernd zu genügen. Vielleicht beruhigt es da, zu wissen, dass selbst der für seine Weisheit berühmte König Salomo nicht immer alles richtig machte.

Wie Salomo weise wurde

Salomo war der Sohn und Nachfolger König Davids und Batsebas. Erzogen wurde er nicht von seinem Vater David, sondern vor allem vom Propheten Nathan, der ihn Jedidja – „Geliebter des Herrn" – nannte. Nathan und seine Mutter Batseba waren es auch, die ihm gegen die Ansprüche seines älteren Halbbruders Adonija noch zu Lebzeiten Davids auf den Königsthron verhalfen. Doch Adonija gab weiterhin keine Ruhe. Um seine eigene Position zu sichern, ließ Salomo ihn und seine Anhänger töten (1. Könige 2,25). Wenn es darum ging, seine Macht zu sichern, nutzte er viele der damals gängigen Methoden. Dazu gehörte auch, dass er die Tochter des ägyptischen Pharao heiratete, später noch viele weitere ausländische Frauen. Nathan, der ihn von Anfang an politisch unterstütze, scheint ihm eine gewisse Klugheit auf diesem Gebiet beigebracht zu haben. Wobei Salomos Vorliebe für viele unterschiedliche Frauen – „siebenhundert Hauptfrauen und dreihundert Nebenfrauen" (1. Könige 11,3) sollen es gewesen sein – nicht immer ganz so klug war, wie die Bibel später noch berichtet.

Zu seiner legendären Weisheit aber kam Salomo auf andere Weise: Eines Nachts erschien ihm Gott im Traum und erklärte, er habe einen Wunsch frei. Salomo antwortete, er sei ein junger und unerfahrener König und wünsche sich daher „ein gehorsames Herz" von Gott, „damit er sein Volk richten könne und verstehen, was gut und böse ist" (1. Könige 3,9). Der Wunsch überzeugte Gott von der Glaubwürdigkeit Salomos. Schließlich hätte er auch Reichtum oder den Tod der Feinde erbitten können. Gott erfüllte Salomos Wunsch und gab ihm „ein weises und verständiges Herz, sodass deinesgleichen vor dir nicht gewesen ist und nach dir nicht aufkommen wird".

Quasi als Draufgabe verlieh ihm Gott noch Reichtum und Ehre. Und wenn Salomo sich immer nach Gottes Geboten richtete, sollte er auch noch ein langes Leben bekommen. Was für eine Verheißung! Anders als bei Gottes Zusagen an andere große Männer Israels wird die Nachkommenschaft hier jedoch nicht angesprochen. Ein erster Hinweis darauf, dass Kinder im Leben Salomos keine große Rolle spielen werden? Dass das Vatersein ihm nicht so wichtig war?

Das salomonische Urteil

Kurz nach der Verheißung Gottes kam seine soeben erhaltene Weisheit auch schon zum Einsatz. Zwei Frauen kamen zu ihm und baten ihn, ihren Streit zu schlichten (1. Könige 3,16−28): Beide Frauen hatten kurz zuvor ein Kind geboren. Doch eines der beiden Kinder war gestorben. Nun behaupteten beide, das noch lebende Kind sei ihres. Die eine rief: „Mein Sohn lebt, doch dein Sohn ist tot. Jene aber sprach: nein, dein Sohn ist tot, doch mein Sohn lebt." Salomo überlegte eine Weile, dann befahl er seinen Leuten, ein Schwert zu holen. Die Waffe wurde zum Gegenstand seiner salomonischen Strategie. „Teilt das lebendige Kind in zwei Teile", ordnete er an, „und gebt dieser die Hälfte und jener die Hälfte." Die Mütter waren verdutzt. Das Herz der einen „entbrannte in Liebe für ihren Sohn", sie flehte den König an: „Ach, mein Herr, gebt ihr das Kind lebendig und tötet es nicht!" Für Salomo war dies der Erweis der wahren Mutterschaft. „Gebt dieser das

Kind lebendig und tötet's nicht", sagte er, „die ist seine Mutter." So wurde die Weisheit Salomos legendär, und man schrieb ihm später einige Psalmendichtungen und Weisheitsschriften zu, die nun unter dem Titel „Sprüche Salomos" ein Buch der Bibel sind.

Weiser König – unnahbarer Vater?

Für elterliche Probleme und Gefühle anderer hatte Salomo offensichtlich Verständnis und immer einen weisen Ratschlag parat. Wie er allerdings selbst mit all den Kindern, die er von seinen zahlreichen Frauen sicherlich bekam, umging, davon erzählt die Bibel nichts.

Einzig in der nach ihm benannten Sprüchesammlung finden sich einige Erziehungsratschläge, die dem heutigen Leser aber eher grausam als weise vorkommen. „Wer seine Rute schont, der hasst seinen Sohn; wer ihn aber lieb hat, der züchtigt ihn beizeiten" (Sprüche 13,24), heißt es da zum Beispiel, oder: „Züchtige deinen Sohn, so wird er dir Freude machen und deine Seele erquicken" (Sprüche 29,17).

Weise sein hieß im Alten Testament, etwas wirklich gut zu können und kundig zu sein – umfasste also nicht nur geistige Leistungen, sondern auch handwerkliches Geschick. Es ging dabei jedoch nicht allein um die Aneignung praktischer Fähigkeiten, sondern vor allem um ein Hineinfinden des Menschen in die Weltordnung und um die Erkenntnis, dass das eigene Handeln Folgen hat. So ging man davon aus, dass negative Handlungen negative Folgen nach sich ziehen und positive Taten positive Folgen haben. Daher auch das Sprichwort „Wer eine Grube gräbt, der fällt selbst hinein" (Sirach 27,29). Die Weisheitsliteratur in der Bibel diente der Erziehung zur Weisheit. In Erzählungen und Sprüchen wurde sie den Menschen nahegebracht.

„Seid fruchtbar und mehret euch" (1. Mose 1,22), hatte Gott den Menschen einst aufgetragen, doch der Verfasser des Buches der Weisheit, von dem ebenfalls lange vermutet wurde, dass es sich dabei um Salomo handele, stellt sich offen gegen dieses göttliche Gebot. In seinen Kreisen galten Kinder offensichtlich eher als störend – erst recht, wenn sie „in gesetzwidriger Ehe" (Weisheit 4,6) geboren wurden und „die kinderreiche Menge der Gottlosen" (Weisheit 4,3) vermehrten. Denn er betont: „Besser ist's, keine Kinder zu haben" (Weisheit 4,1). Hätte es schon im alten Israel den Kinderschutzbund gegeben – er hätte viel zu tun gehabt, um solcher kinderfeindlichen Haltung entgegenzutreten. Sehr pragmatisch stellte sich der Autor der Weisheitsschrift auch das Heranwachsen der Kinder im Mutterleib vor: „Ich bin Fleisch, im Mutterleib zehn Monate lang gebildet, im Blut zusammengeronnen aus Mannessamen und der Lust, die im Beischlaf dazukam" (Weisheit 7,2). Sollte das tatsächlich Salomos Einstellung zum Thema Kinder und Kindererziehung gewesen sein, möchte man seinen Kindern fast wünschen, dass sie seine Weisheit nicht allzu oft zu spüren bekamen.

Wahrscheinlich ist, dass sie ihren Vater nicht gerade häufig zu Gesicht bekamen. Denn der war, wie so viele anerkennungssüchtige Männer auch heute noch, mit ganz anderen Dingen beschäftigt. Einen riesigen, prunkvoll ausgestatteten Tempel ließ er in Jerusalem errichten und einen nicht weniger prunkvollen Königspalast; außerdem ließ er Schiffe bauen, mit denen er unglaubliche Mengen an Gold aus Ofir importierte. Während seine Untertanen für den Tempel- und Palastbau schufteten, wuchs der Reichtum Salomos ins Unermessliche. Da dürfte keine Zeit geblieben sein, sich mit den Kindern zu befassen.

Zumal Salomos Vorliebe für seine zahllosen ausländischen Frauen zusätzlich Zeit in Anspruch nahm. Obwohl Gott ihn mehrmals davor gewarnt hatte, Frauen, die einem anderen Glauben anhingen, zu sich zu nehmen, ließ Salomo nicht davon ab. Im Alter „neigten seine Frauen sein Herz fremden Göttern zu, sodass sein Herz nicht ungeteilt bei dem Herrn, seinem Gott, war wie das Herz seines Vaters David" (1. Könige 11,4). Sich gegen den Gott zu stellen, dem er doch seine Weisheit, all seine Macht und seinen Reichtum verdankte – das war allerdings überhaupt nicht weise. Denn nun wurde Gott zornig und kündigte an, dass er Salomos Sohn und Nachfolger Rehabeam deswegen einst fast das ganze Reich entreißen werde. Um seine eigene Position und sein eigenes Vergnügen war Salomo ständig bemüht. Wie es seinen Kindern dadurch erging, das scheint ihn weniger interessiert zu haben.

Weisheit macht noch keinen weisen Vater

Wer im Beruf und in der Öffentlichkeit weise und erfolgreich taktieren kann, ist also noch lange kein guter Vater – schon gar nicht, wenn immer nur der Beruf an erster Stelle steht und die Kinder vergeblich auf Zeit und Interesse des Vaters warten. Wer nie ansprechbar ist, wenn es Probleme gibt, wer den Alltag nie miterlebt und die Interessen seiner Kinder nicht kennt, der wird auch durch vermeintlich kluge Sprüche oder Erziehungstaktiken kein guter Vater.

Kinder brauchen weder Reichtum noch Ruhm. Sie brauchen keinen Helden, der in weiser Voraussicht immer alles richtig macht und auch noch weiß, was für andere das Richtige ist, sondern ein Gegenüber, mit dem sie leben, sich austauschen und auch mal streiten können. Ein Gegenüber, dass auch Fehler machen und zugeben darf. Und vor allem brauchen Väter und Kinder Zeit miteinander.

Salomo scheint ein beeindruckender König gewesen zu sein. Doch im Hinblick auf seine Kinder scheint er trotz all seiner Weisheit übersehen zu haben, was Shakespeare wusste: „Das ist ein weiser Vater, der sein eigenes Kind kennt."

Tobias

Lieben heißt Loslassen

Kitsch ist eigentlich keine Männersache. Happyends allerdings schon. Wie alles gut wird, wenn man sich immer vorbildlich und gottesfürchtig verhält, erzählt die kitschige Geschichte von Tobias (Tobit), der unschuldig erblindete und verarmte, obwohl er Gottes Gebote immer befolgt hatte. Und da er seinen Sohn ohne zu klammern ziehen ließ, damit er eine Frau zu suchen konnte, werden Tobias' Augen am Ende wieder geheilt. Ja, auch das gibt es: Vätermärchen in der Bibel. Also dann:

Ein Paragraphenreiter wird empfindlich

Es war einmal ... ein Mann namens Tobias, der lebte während des babylonischen Exils in Ninive. Trotz des Lebens in der Fremde blieb er von Kindheit an Gott treu, hielt die Gebote und bemühte sich, seine

Mitmenschen zu unterstützen. „Als er nun erwachsen war, nahm er eine Frau mit Namen Hanna und zeugte mit ihr einen Sohn, den er auch Tobias nannte; und er lehrte ihn von Jugend auf Gott fürchten und die Sünde meiden" (Tobias 1,9).

Der Vater ermahnte seinen Sohn nicht nur zu Wohlverhalten, sondern lebte selbst auch weiterhin nach seinen Grundsätzen: Er tröstete seine im Exil lebenden Landsleute und teilte sein Vermögen mit ihnen, „die Hungrigen speiste er, die Nackten kleidete er, die Toten und Erschlagenen begrub er" (Tobias 1,20).

Als der König des Landes davon erfuhr, befahl er, Tobias töten zu lassen. Der aber versteckte sich mit seinem Sohn und seiner Frau bei Freunden. Als die Lage wieder halbwegs sicher war, kehrte er zurück und fuhr fort mit seinem Beruf, besser: mit seiner Berufung: Er sammelte die in der Fremde erschlagenen Juden von der Straße, um sie ordentlich zu begraben. Seine Freunde hatten wenig Verständnis für diese pietätvolle Tätigkeit. Sie machten sich Sorgen: „Erst neulich wollte dich der König aus demselben Grund töten lassen und du bist seinem Mordbefehl kaum entkommen; und doch begräbst du schon wieder die Toten! Tobias aber fürchtete Gott mehr als den König und holte weiterhin die Erschlagenen weg und verbarg sie in seinem Hause, bis er sie tief in der Nacht begraben konnte" (Tobias 2,9).

Nach jüdischer Glaubensüberzeugung war Tobias durch die Berührung der Toten unrein und durfte nicht in seinem Haus schlafen. Also legte er sich draußen nieder – nein, nicht unter freiem Himmel, sondern unter einem Schwalbennest. Mit fatalen Folgen. Denn eine Schwalbe ließ aus ihrem Nest „ihren heißen Dreck auf seine Augen fallen; davon wurde er blind. Diese Prüfung aber ließ Gott über ihn kommen, damit die Nachwelt an ihm ein Beispiel der Geduld hätte wie an dem heiligen Hiob. Denn wie er von Jugend auf Gott gefürchtet und seine Gebote gehalten hatte, so wurde er auch jetzt nicht bitter gegen Gott" (Tobias 2,11–13). Tobias' Verwandte jedoch lachten ihn aus und höhnten: „Wo bleibt nun, worauf du gehofft hast, wofür du deine Almosen gegeben und so viele Tote begraben hast?" (Tobias 2,15).

Da Tobias wegen seiner Blindheit nicht arbeiten konnte, versuchte seine Frau Hanna mühsam mit Webarbeiten etwas Geld zu verdienen. Eines Tages brachte sie einen Ziegenbock mit nach Hause. Als Tobias das Tier blöken hörte, sprach er: „Wenn das nur nicht gestohlen ist! Gebt's dem Besitzer zurück; denn es ist uns nicht erlaubt von gestohlenem Gut zu essen oder es auch nur anzurühren" (Tobias 2,21). Beleidigt warf seine Frau ihm vor, in welche Lage er sich und die Familie mit seiner Paragraphenreiterei gebracht habe. „Da seufzte Tobias tief auf, fing an zu weinen und zu beten und sprach: Herr, du bist gerecht, und alle deine Gerichte sind lauter Güte und Treue. Und nun, mein Herr, sei mir gnädig und strafe meine Sünden nicht ... Und nun, Herr, erweise mir Gnade und nimm meinen Geist weg in Frieden; denn ich will viel lieber tot sein als leben" (Tobias 3,1–3a.6).

Seine Frau machte ihm Vorwürfe. Statt zu diskutieren, bildete er sich einfach ein, nun sei es Zeit zu sterben – für den Sohn sicher eine wichtigere Lektion im Fach männliche Taktik als all die Belehrungen, die beim Abschied noch folgen sollten.

Abschied vom Sohn

„Lieben heißt loslassen können." Dieser weise Spruch wirkt heute ziemlich abgedroschen. Viel Wahres ist trotzdem dran. Denn wenn es stimmt und wenn es gut ist, dass Kinder irgendwann ihre Eltern verlassen – dann ist es ein väterlicher Akt des Respekts und der Liebe, sie gehen zu lassen. Insofern ist Tobias' Einstellung vorbildlich, als er seinen Sohn vom Krankenbett aus mit ein paar guten Wünschen und Ermahnungen in die Welt ziehen lässt. Warum sich der Vater dazu allerdings weiterhin einbilden musste, er liege im Sterben, bleibt im Dunkeln. „Lieber Sohn", fing er an, „wenn Gott meine Seele zu sich nehmen wird, so begrabe meinen Leib und ehre deine Mutter, solange sie lebt; denke daran, was für Gefahren sie ausgestanden hat, als sie dich unter dem Herzen trug." Es folgen väterliche Tipps, die anzunehmen Söhnen erst in fortgeschrittenem Alter möglich sein wird. „Dein Leben lang habe Gott vor Augen und im Herzen und hüte dich davor, jemals in eine Sünde einzuwilligen und gegen die Gebote unsres Gottes zu handeln. Hast du viel, so gib reichlich; hast du wenig, so gib doch das Wenige von Herzen" (Tobias 4,2–4.6.9). Tobias gab seinem Sohn viele weitere Ratschläge, die Kinder normalerweise hören und schnell wieder vergessen. Eines aber fiel aus dem Muster heraus: Tobias verriet seinem Sohn, dass er sich bei einem Bekannten in der Ferne noch Geld abholen könne. Damit eröffnete er ihm die Möglichkeit, ohne schlechtes Gewissen in die Ferne zu ziehen. Sohn Tobias „rüstete sich mit allem aus, was er mitnehmen wollte, nahm Abschied von Vater und Mutter und zog mit seinem Begleiter davon". Während Vater Tobias ihn gehen lassen konnte, fing seine Frau Hanna an zu weinen und klagte ihren Mann an: „Den Trost unsres Alters hast du uns genommen und weggeschickt. Ich wollte, dass das Geld nie gewesen wäre, dessentwegen du ihn weggeschickt hast!" Tobias zeigte sich gelassen und hatte auch einen Rat für seine Frau parat: „Weine nicht! Unser Sohn wird frisch und gesund hin- und zurückkommen, und deine Augen werden ihn sehen. Denn ich glaube, dass ein guter Engel Gottes ihn geleitet und alles zum Besten lenkt, was ihm begegnet, sodass er in Freuden wieder heimkehren wird" (Tobias 5,24–29).

Sehnsucht nach dem Kind

Sind die Kinder dann aus dem Haus, mischt sich auch bei Vätern in das Gefühl des gelungenen Abschieds die Sehnsucht nach dem geliebten Kind. Ebenso machen sich Sorgen breit: Wird mein Kind selbstständig genug sein, um in der Fremde seinen Weg zu gehen? Glücklich, wer dann wie Tobias so glaubensgewiss ist, dass er sein Kind unter besonderem Schutz von ganz oben weiß. Den vermittelte er auch seiner sorgenvollen Frau Hanna. „Sei still und sorge dich nicht! Unserm Sohn

geht's gut; er hat einen zuverlässigen Begleiter" (Tobias
10,7). Vielleicht ist auch dies typisch männlich, väterlich
– im Gegensatz zur übergroßen Besorgnis der Mutter,
sie „lief alle Tage hinaus und blickte dahin und dorthin
und suchte auf allen Straßen, auf denen er kommen
konnte, um ihn möglichst schon von ferne zu sehen"
(Tobias 10,8).

Wiedersehen und wieder sehen

Als sie ihn erkannte, rief Hanna aufgeregt nach Tobias.
Der aber war noch blind, ein Knecht half ihm, seinem
Sohn entgegenzulaufen. Bis Vater und Sohn sich in den
Armen lagen und die Freudentränen liefen. Eigentlich
könnte hier das Ende der Geschichte sein, die Familie
ist wieder vereint, dem Sohn war nichts passiert, der
Vater glücklich. Und wenn sie nicht gestorben sind …
Doch das große Happyend kommt erst noch. Tobias
hatte seinem Vater ein Medikament mitgebracht. Mit
dem salbte er ihm die Augen. „Es dauerte fast eine
halbe Stunde, da löste sich der Star von seinen Augen
wie das Häutlein von einem Ei. Und Tobias fasste es
und zog es ihm von den Augen; sogleich wurde er
wieder sehend" (Tobias 11,12–17). Der Sohn heilte den
Vater. Er machte ihn wieder sehend. Das Vertrauen,
dass Vater Tobias seinem Sohn geschenkt hatte, zahlte
sich nun aus. Nicht finanziell, sondern mit Heilung.
Doch das Geld folgte eine Woche später auch noch. In
der Fremde hatte der Sohn geheiratet. Seine Frau Sara
kam nun ebenfalls – und brachte das Geld mit, von

dem Vater Tobias gesprochen hatte. Und auch der Sohn wurde Vater und die Mehrgenerationenfamilie lebte glücklich zusammen.

Und die Moral von der märchenhaften Geschicht'? Sie könnte zum Beispiel so lauten: Ein Vater, der stets vorbildlich lebt und positiv denkt, kann sich auf ein harmonisches, geradezu heilendes Zusammensein mit seinen Kindern freuen.

Ein letztes „Und wenn sie nicht gestorben sind ..." findet sich nicht in der biblischen Tobias-Legende, sondern in der deutschen Geistesgeschichte. Dem frommen Dichter Matthias Claudius wurde die väterliche Weisheit des Tobiasbuches – zusammen mit der Weisheit der „Sprüche Salomos" – zur Inspiration. Im Alter schrieb er seinem Sohn Johannes einen Brief, der wie ein Zitat aus der Bibel klingt. Darin heißt es: „Die Zeit kömmt allgemach heran, dass ich den Weg gehen muss, den man nicht wieder kömmt. Ich kann dich nicht mitnehmen und lasse dich in einer Welt zurück, wo guter Rat nicht überflüssig ist ... Der Mensch ist hier nicht zu Hause, und er geht hier nicht von ungefähr in dem schlechten Rock umher. Denn siehe nur, alle andre Dinge hier mit und neben ihm sind und gehen dahin, ohne es zu wissen; der Mensch ist sich bewusst und wie eine hohe bleibende Wand, an der die Schatten vorübergehen. Alle Dinge mit und neben ihm gehen dahin, einer fremden Willkür und Macht unterworfen, er ist sich selbst anvertraut und trägt sein Leben in seiner Hand. Und es ist nicht für ihn gleichgültig, ob er rechts oder links gehe."

Der leidende Vater

Leiden auf hohem Niveau ist heute in. Man leidet, weil man weniger verdient und sich nicht so viel leisten kann wie der Nachbar, weil man sich von der Politik und aller Welt ungerecht behandelt fühlt oder weil man sich selbst einfach nicht mag. Die meisten Menschen haben sogar so viel Freude am Leid, dass es ihnen ohne erst wirklich schlecht geht. Daher suchen solche Menschen auch nie ernsthaft nach Abhilfe.

Gibt es ein besonderes Leid der Väter? Wer könnte besser darüber Auskunft geben als der zehnfache Vater Hiob. Seine Geschichte lässt sich wie eine Reflexion über das Leiden lesen.

„Der Herr hat's gegeben, der Herr hat's genommen; der Name des Herrn sei gelobt!" (Hiob 1,21) lautet seine gottergebene Haltung, mit der er sein Leid zu ertragen versuchte. Dazu gehörte auch der Tod seiner Kinder.

„Es war ein Mann im Lande Uz, der hieß Hiob. Der war fromm und rechtschaffen, gottesfürchtig und mied das Böse. Und er zeugte sieben Söhne und drei Töchter … und er war reicher als alle" (Hiob 1,1–3). So schön hätte es weitergehen können.

Doch dann kam alles anders, die Idylle wurde zerstört. Denn jenseits der Zeit und der irdischen Wirklichkeit forderte der Teufel Gott heraus. Ob denn ein so perfekter Frommer wie Hiob gar nicht vom Glauben abfallen könne, wollte er wissen. Gott war sich sicher: Keinesfalls, da könne der Satan versuchen, was und wie er wolle. Gott gab Hiob frei für ein teuflisches Spiel – unter einer Bedingung: „An ihn selbst lege deine Hand nicht."

So kam es, dass in Hiobs Vater-Harmonie unfassbares Leid hineinplatzte. Die Szene kann nicht herzzerreißender sein: Während seine zehn Kinder einträchtig bei Tische saßen, brachten Boten ihrem Vater Hiobsbotschaften, eine nach der anderen. Feinde stahlen Rinder- und Kamelherden und erschlugen Knechte. Feuer fiel vom Himmel und vernichtete Schafherden. Ein Alptraum. Aber noch nicht genug, Hiob musste auch noch erfahren: „Deine Söhne und Töchter aßen und tranken im Hause ihres Bruders, des Erstgeborenen, und siehe, da kam ein großer Wind von der Wüste her und stieß an die vier Ecken des Hauses; da fiel es auf die jungen Leute, dass sie starben" (Hiob 1,18f).

Hiob war geschockt, als er all diese Nachrichten hörte. Er „stand auf und zerriss sein Kleid und schor sein Haupt und fiel auf die Erde und neigte sich tief und sprach: Ich bin nackt von meiner Mutter Leibe gekommen, nackt werde ich wieder dahinfahren" (Hiob 1,20f). Doch seinen Glauben verlor er nicht: „Der Herr hat's gegeben, der Herr hat's genommen", sagt er, „der Name des Herrn sei gelobt!" (Hiob 1,21). Das Leid des Vaters über den Tod aller seiner Kinder brachte Hiob nicht in ernsthafte Glaubenszweifel. „In diesem allen sündigte Hiob nicht und tat nichts Törichtes wider Gott" (Hiob 1,21f). Noch hatte der Teufel sein Ziel nicht erreicht.

Aber er setzte an zur zweiten Attacke, forderte Gott auf, zuzulassen, dass dem trauernden Hiob nun auch noch körperliches Leid zugefügt werde. Dann, so der Teufel, werde Hiob seinen Glauben ganz sicher verlieren. Gott erlaubte es, gebot ihm jedoch abermals, Hiobs Leben zu schonen. Nun schlug der Satan „Hiob mit bösen Geschwüren von der Fußsohle an bis auf seinen Scheitel". Hiob löste das Problem pragmatisch, schabte den Aussatz mit einer Scherbe ab und setzte sich in Asche, damals bewährte Therapien. Hiobs Frau kam ins Spiel. „Hältst du noch fest an deiner Frömmigkeit?", fragte sie ihn schnippisch und forderte ihn auf: „Sage Gott ab und stirb!" Hiob wehrte sie ab und beteuerte seinen Glauben: „Du redest, wie die törichten Frauen reden: Haben wir Gutes empfangen von Gott und sollten das Böse nicht auch annehmen?" (Hiob 2,7–10). Wieder hatte der Teufel ein Nachsehen und noch immer keinen Erfolg.

Dennoch fragte sich natürlich auch Hiob, womit er das alles nur verdient habe. Warum schenkt Gott den

Menschen erst das Leben und lässt dann zu, dass sie Leid ertragen müssen? „Warum bin ich nicht gestorben bei meiner Geburt? Warum bin ich nicht umgekommen, als ich aus dem Mutterleib kam? Warum hat man mich auf den Schoß genommen? Warum gibt Gott das Licht den Mühseligen und das Leben den betrübten Herzen – die auf den Tod warten und er kommt nicht? Wenn ich essen soll, muss ich seufzen, und mein Schreien fährt heraus wie Wasser. Denn was ich gefürchtet habe, ist über mich gekommen, und wovor mir graute, hat mich getroffen. Ich hatte keinen Frieden, keine Rast, keine Ruhe, da kam schon wieder ein Ungemach!" (Hiob 3,11.12a.20–21a.24–26). In seine Grübeleien mischten sich drei Freunde ein. Sie waren sich sicher: Hiobs Unglück musste die Strafe für irgendwelche Sünden sein, die zuvor begangen wurden und an die er sich vielleicht nur nicht mehr erinnerte. Hiob allerdings bleibt dabei, er habe sich nichts zuschulden kommen lassen.

Doch sein Leid zermürbte ihn so, dass er begann, mit Gott zu hadern. „Man hat mich in den Dreck geworfen, dass ich gleich bin dem Staub und der Asche", klagte er Gott an, „ich schreie zu dir, aber du antwortest mir nicht; ich stehe da, aber du achtest nicht auf mich" (30,19). Der liebende, gnädige Gott habe sich in einen „Grausamen" gewandelt, beschrieb Hiob seinen Eindruck, „ich wartete auf das Gute, und es kam das Böse; ich hoffte auf Licht, und es kam Finsternis" (Hiob 30,26).

Schließlich antwortete ihm Gott: Was berechtigt dich dazu, dich gegen meine Entscheidungen aufzulehnen, fragte er. „Wo warst du, als ich die Erde gründete?

Sage mir's, wenn du so klug bist! Fliegt der Falke empor dank deiner Einsicht und breitet seine Flügel aus, dem Süden zu? Hast du einen Arm wie Gott, und kannst mit gleicher Stimme donnern wie er?" (Hiob 38,4; 39,26; 40,9). Argumente sind das nicht, auch kein Erklärungen des Leides. Eher eine Machtdemonstration. Sie bringt Hiob zum Einlenken: „Siehe, ich bin zu gering, was soll ich antworten? Ich erkenne, dass du alles vermagst, und nichts, das du dir vorgenommen, ist dir zu schwer. Darum habe ich unweise geredet, was mir zu hoch ist und ich nicht verstehe" (Hiob 40,4; 42,2f).

Männliches Selbstmitleid

Als Mann und Vater könnte man sich also fragen, worauf sich das eigene Leiden eigentlich bezieht: Habe ich ein echtes Problem, für das ich mir eine Lösung wünsche – oder ist es nur die Lust am Selbstmitleid, die mich weiter klagen lässt? Wie sehr möchte ich mich aktiv um einen Ausweg aus einer verfahrenen Lage bemühen?

Hiobs Geschichte zeigt: In der Welt läuft nun einmal nicht alles nach menschlichen Gerechtigkeitsvorstellungen ab. Fast jeder wird in seinem Leben immer wieder in Situationen kommen, in denen er sich ungerecht behandelt fühlt oder eine Angelegenheit trotz aller Bemühungen nicht zu einem guten Ende bringen kann. Hiob zeigt: Das ist alles kein Grund, den Glauben zu verlieren oder die Schuld für jeden Schicksalsschlag bei sich oder den Mitmenschen zu suchen. Wir sind nicht auf dieser Welt, um uns durch gute Taten Belohnung zu erkaufen, sondern um Erfahrungen zu machen. Und dazu gehören nun einmal auch die weniger schönen.

Als Hiob das eingesehen hatte, und auch noch für seine Freunde einstand, deren Ansichten Gott missfallen hatten, da gab Gott ihm „doppelt so viel, wie er gehabt hatte" (Hiob 42,10). Auch all die Menschen, die sich von ihm abgewandt hatten, kamen zurück „und aßen mit ihm in seinem Hause und sprachen ihm zu und trösteten ihn über alles Unglück, das der Herr über ihn hatte kommen lassen" (42,11). Der teuflische Spuk war vorbei, und wie es zu einer guten Geschichte mit Happyend gehört, wurden Hiob am Ende auch noch seine verstorbenen Kinder ersetzt, „und er bekam sieben Söhne und drei Töchter" (Hiob 42,12f), heißt es.

Hiob jedenfalls fand einen Ausweg aus seinem Leid, als er bereit war, es als gegeben hinzunehmen. Nur dann nämlich wird der Blick frei für die Dinge, die sich ja doch ändern lassen, und man merkt, dass man sein Leben selbst in die Hand nehmen kann.

Andere Leidende

Dieser Devise folgten im Laufe der Geschichte auch andere Väter, die auf dem Fundament des Glaubens Leid auf sich nahmen und ertrugen, ohne daran wahnsinnig zu werden. Gegen alle Widerstände gaben sie ihre Selbstachtung und ihren Kampf für ihr Lebensziel nicht auf und verfolgten ihre Träume unbeirrt weiter. Einer davon war der amerikanische Pastor und Bürgerrechtler

Martin Luther King, der sich gegen die Praxis der Rassentrennung in den Südstaaten der Vereinigten Staaten einsetzte. „Ich habe einen Traum", sagte er in seiner wohl bekanntesten Rede, „es ist jetzt die Zeit, die Gerechtigkeit zu einer Realität für alle Kinder Gottes zu machen ... Nein, wir sind nicht zufrieden, und wir werden nicht zufrieden sein, bis das Recht strömt wie Wasser und die Gerechtigkeit wie ein nie versiegender Bach ... Es ist ein Traum, der seine Wurzel tief im amerikanischen Traum hat, dass sich diese Nation eines Tages erheben und der wahren Bedeutung ihres Glaubensbekenntnisses gemäß leben wird: ‚Wir halten diese Wahrheit für selbstverständlich: dass alle Menschen gleich geschaffen sind'." Am 4. April 1968 wurde King von einem Rassisten erschossen. Vier Kinder beweinten ihren Vater.

In Südafrika setzte sich Nelson Mandela für seine Überzeugungen ein, statt in Selbstmitleid zu verharren. Er kämpfte gegen die weltweite Unterdrückung der Schwarzen. Schon als Student hatte er sich gegen die Vormachtstellung der regierenden weißen Minderheit ausgesprochen und die gleichen Rechte für die schwarze Mehrheit gefordert. 27 Jahre seines Lebens verbrachte er dafür als politischer Häftling im Gefängnis. Seine fünf Kinder mussten ihren Vater ständig entbehren. Erst nach dem Ende der Apartheid wurde er aus der Haft entlassen. 1993 erhielt er den Friedensnobelpreis, ein Jahr später wurde er zum ersten schwarzen Präsidenten Südafrikas gewählt. Das wäre ihm kaum gelungen, wenn er den Glauben an seine Träume vor lauter Selbstmitleid verloren hätte.

Gerechte Väter

Und was hat das mit Vaterschaft zu tun? Zynische Ratgeber hätten den beiden gerechten Vätern vermutlich geraten, sich mit ihrem politischen Kampf nicht in Lebensgefahr zu begeben: „Denkt doch an eure Kinder!" Solche Argumente treiben einen Keil zwischen Vaterschaft und Leben. Die Kinder sind wichtig, klar. Sie sind Gottesgeschenke und durch nichts zu ersetzen. Aber sie sind nicht das Einzige im Leben von Vätern wie von Müttern. Sinnstiftend ist nicht die Vaterschaft, Sinn stiftet ein gottgefälliges Leben. Nirgendwo in der Bibel steht, dass Kinder alles im Leben sind; nirgendwo werden sie oder wird die Vaterschaft glorifiziert. Menschen sollen ihr Leben an Gott ausrichten und an der Gerechtigkeit, sollen mitbauen am Reich Gottes schon hier auf Erden.

Ein weiterer Aspekt: Die Liebe zu den eigenen Kindern macht Väter sensibler für die Zerbrechlichkeit der Schöpfung. Sie zu bewahren, Frieden zu stiften und Gerechtigkeit zu üben ist nicht nur ein abstrakter Auftrag Gottes. Ihn zu befolgen ist auch notwendig, um die Zukunft der eigenen Kinder zu gestalten. So verstanden ist Vaterschaft eine Kraftquelle. Sie erschöpft sich nicht im Nur-Dasein für die Kinder, sondern sie schickt Männer neu beherzt und beschützt in die Welt. Denn Vaterschaft schenkt die Gewissheit, dass das Leben weitergeht. Sogar, wenn übergroßes Leid oder womöglich sogar der Tod Folgen des gottgefälligen Lebens sein sollten. Hiob kleidet diesen Zusammenhang in fromme Worte: „Ich weiß, dass mein Erlöser lebt" (19,25). Diese

Glaubenseinsicht wirkt wie ein Schild gegen Mutlosigkeit und Angst. Denn weder Leid noch Tod, sondern das Reich Gottes stehen am Ende. Gott „wird mich hernach aus der Erden aufwecken. Und werde darnach mit dieser meiner Haut umgeben werden und werde in meinem Fleisch Gott sehen". So übersetzte Martin Luther dieses Bekenntnis des Hiob (Hiob 19,25f).

Auf diesem Fundament überstand Hiob sein großes Leid. Am Ende wurde er reich beschenkt und lebte noch glücklich 140 Jahre – nicht nur als Vater, sondern inmitten einer Schar von Kindern aus vier nachfolgenden Generationen. Dann starb er „alt und lebenssatt" (42,17).

Kinder als Zeichen

Wer ein Kind bekommt, wünscht sich für dessen Leben normalerweise nur Gutes. Viele Menschen geben ihren Kindern daher die Namen ihrer Idole oder staffieren sie genauso aus. Der Prophet Hosea ging genau andersherum vor. Ob es den Kindern guttut, als Plakat für die Vorlieben oder Antipathien der Väter benutzt zu werden?

Namen sind mehr als Schall und Rauch

In den Kulturen des Altertums sahen die Menschen meist einen engen Zusammenhang zwischen Wörtern und dem, was sie bezeichneten. So bedeutete das hebräische Wort *schem* nicht nur Name, sondern auch (guter oder schlechter) Ruf, Ansehen, Gedächtnis und Person. Allein das Aussprechen eines Namens konnte schon etwas bewirken. Wer zum Beispiel einen Namen über

Dinge oder Personen aussprach, unterstellte sie dadurch gleichzeitig dem Namensträger. Ja, man ging sogar davon aus, dass der Name mit der Persönlichkeit des Betreffenden zusammenhänge: „Denn wie sein Name, so ist er" (1. Samuel 25,25). Zu biblischer Zeit gab man den Kindern oft Namen, die Aussagen der Eltern bei der Geburt oder auch Wünsche der Eltern für ihr Kind zum Ausdruck brachten.

Manchmal wurde auch das Schicksal des ganzen Volkes Israel durch die Namensgebung zum Ausdruck gebracht. Diese symbolische Namensgebung findet sich zum Beispiel bei den Propheten. So soll der Prophet Jesaja einen seiner Söhne Schear-Jaschub („ein Rest wird sich bekehren") (Jesaja 7,3) genannt und einem anderen auf Gottes Geheiß hin den merkwürdigen Namen Raubebald-Eilebeute gegeben haben. „Denn ehe der Knabe rufen kann: Lieber Vater! Liebe Mutter!, soll die Macht von Damaskus und die Beute aus Samaria weggenommen werden durch den König von Assyrien" (Jesaja 8,3), begründet Gott diese Namenswahl.

Kinder als Zeichen

Auch der Prophet Hosea soll seinen Kindern solch merkwürdige Namen gegeben haben (Hosea 1,2–9). Seine Berufung war es, dem Volk Israel den Untergang anzukündigen, da es sich ganz und gar nicht gottesfürchtig verhielt. Als Hosea anfing, Gottes Stimme zu vernehmen, soll dieser ihm als Erstes geraten haben:

„Geh hin und nimm ein Hurenweib und Hurenkinder; denn das Land läuft vom Herrn weg der Hurerei nach." Hosea tat sofort, was Gott ihm aufgetragen hatte, und „nahm Gomer, die Tochter Diblajims, zur Frau". Eine ganz normale Ehe? Das schien so, als der erste Sohn geboren wurde. Die Namensgebung zu dieser Zeit oblag dem Vater. Hosea wählte einen ungewöhnlichen Namen für seinen ersten Sohn aus, den Namen einer Ebene in Israel: Jesreel. Genau genommen stammte die Namensidee nicht von Hosea, sondern von Gott, der gesagt hatte: „Nenne ihn Jesreel; denn es ist nur noch eine kurze Zeit, dann will ich die Blutschuld von Jesreel heimsuchen am Hause Jehu und will mit dem Königreich des Hauses Israel ein Ende machen. Zur selben Zeit will ich den Bogen Israels zerbrechen in der Ebene Jesreel." Kurz darauf wird Hosea zum zweiten Mal Vater. Ein Kind nach einer Landschaft zu benennen ist ja schon eigenwillig; seine Tochter bekommt einen noch unpassenderen Namen: Lo-Ruhama, was so viel heißt wie „die Unbegnadigte". Auch sie ist Leidtragende der vermeintlich göttlichen Idee, mit Hilfe von Namen Botschaften in die Welt zu setzen. Diesmal will Gott zeigen, dass er sich „nicht mehr über das Haus Israel erbarmen will". Kurz darauf wird Gomer zum dritten Mal schwanger. Im Umfeld der seltsamen Familie werden Befürchtungen entstanden sein, wie das nächste Kind wohl heißen würde. Lo-Ammi nennt Hosea seinen neuen Sohn, „Nicht mein Volk". Ein trotziges Symbol für Gottes Rückzug von seinem ehemals geliebten Volk: „Ihr seid nicht mein Volk, so will ich auch nicht der Eure sein."

Jesreel, Lo-Ruhama und Lo-Ammi, Vater Prophet, Mutter ehemalige Prostituierte. Ein hartes Schicksal, das Vater Hosea seinen drei Kindern da zugemutet hat. Das Einzige, was man ihm zugutehalten kann: In alten biblischen Zeiten waren sogenannte Satz- oder Bezeichnungsnamen gang und gäbe. Das bedeutet: Der Satz, der dem Vater beim Sehen seines Kindes entfuhr, wurde zum Namen. Meist war das unverfänglich. Bei Ruben zum Beispiel: „Sehet, ein Sohn!" Oder Haggai: „Der am Fest Geborene". Erst später wandelten sich die Namen zu eigenständigen Wortgebilden, bei denen die Bedeutung nach und nach in den Hintergrund trat. Hosea jedoch muss sich kritisch fragen lassen: War die zeichenhafte Bedeutung der Namen es wert, den Kindern eine Bürde fürs Leben mitzugeben?

Sich allzu sehr über die Gewalt der elterlichen Namensgebung zu ereifern wäre übrigens unangebracht. War früher der Name „Raubebald-Eilebeute" eine Last, so haben heute all die modernen Shakiras und Beckhams unter ihrem Namen zu leiden. Denn dem großartigen Bild, das der Vater bei der Namensgebung im Kopf hatte, wird wohl nicht einmal der Star selbst entsprechen können.

Verantwortliche Namenswahl

Verantwortliche Namensgebung bedeutet für einen Vater zweierlei. Zum einen keinen Alleingang: Mit welchem Namen ein Kind durch die Welt gehen soll, hat kaum zu unterschätzende Folgen für die Entwicklung eines Menschen; deshalb sollten beide Eltern gemeinsam den Namen auswählen. Zum anderen: Ein Namensträger sollte die Gelegenheit bekommen, mit seinem Namen glücklich zu sein. Das schließt jede Verzwecklichung des Namens aus. Auch das Nacheifern eines Superstars oder Vorbildes. Denn das provoziert geradezu einen Vergleich des Kindes mit dem großen Namensgeber – was wiederum zu großen Selbstzweifeln und Minderwertigkeitsgefühlen führen kann. Hosea ist also diesbezüglich ein schlechtes Vorbild. Kinder sind keine Projektionsfläche für die eigenen Wünsche oder Lebensweisheiten.

Das gilt übrigens nicht nur für die unbedachte Variante moderner Namensgebungen. 1968 nannte der studentenbewegte Berliner Aktivist Rudi Dutschke seinen Sohn Hosea-Ché, eine Reminiszenz an das sozialrevolutionäre Erbe des lateinamerikanischen Freiheitskämpfers Che Guevara und des biblischen Propheten Hosea. Heute leitet Hosea das Sozialreferat in einer dänischen Stadt. Nicht Revolution, sondern Evolution sei ihm wichtig, betont Dutschke, und setzt sich für Veränderungen im Lokalen zugunsten Benachteiligter ein.

Wahrscheinlich hätte es dafür nicht eines so exaltierten Namens bedurft. Vermutlich hätte das Vorbild eines sozial engagierten Vaters genügt.

Zacharias

Die Wonnen später Vaterschaft

Ein unerfüllter Kinderwunsch kann zu einer großen Belastungsprobe für eine Partnerschaft werden. Da wird der Sex plötzlich zu einer Pflicht nach Terminplan und man folgt jedem Ratschlag, der sich finden lässt, sei er noch so absurd. Klappt es trotz allem nicht, wird die Frage nach dem Warum immer drängender. Kategorien wie Verantwortung und Schuld kommen ins Gespräch. Heute gibt es die Option der künstlichen Befruchtung. In vielen Fällen hilft sie – in Deutschland etwa sind rund zwei Prozent aller Kinder mit Hilfe künstlicher Befruchtung gezeugt. Diese Möglichkeit gab es zu biblischer Zeit noch nicht. Trotzdem wurde Zacharias eines Tages Vater, obwohl er die Hoffnung schon längst aufgegeben hatte (Lukas 1,5−25.57−80).

Damals waren Kinder ein Segen. In spiritueller Hinsicht, aber auch ganz praktisch für die eigene Versorgung im Alter. Wer keine Kinder hatte, wurde nicht nur schief angesehen – denn das konnte ja nur eine Strafe

Gottes für irgendeine Verfehlung sein. Er musste auch befürchten, dass später niemand für ihn sorgen würde und dass er das, was er sich erarbeitet hatte, einst nicht an die nächste Generation würde übergeben können.

Mit Gottes Hilfe

Der Priester Zacharias und seine Frau Elisabeth waren zwar fromme Leute und hielten sich an alle Gebote, und dennoch hatten sie „kein Kind; denn Elisabeth war unfruchtbar und beide waren hochbetagt". Wie sehr sie darunter litten, erfährt der Leser nicht, doch sie müssen Gott um Kinder gebeten haben. Denn eines Tages geschah aus heiterem Himmel etwas Unglaubliches. Zacharias versah wie immer den Dienst im Tempel. Diesmal war er an der Reihe, ein Räucheropfer darzubringen. Zacharias ging in den Tempel und bereitete alles vor. Dann, als die Menschen draußen gerade ihre Gebete sprachen, „erschien ihm der Engel des Herrn und stand an der rechten Seite des Räucheraltars. Und als Zacharias ihn sah, erschrak er". Der Engel nahm ihm die Angst: „Fürchte dich nicht, Zacharias, denn dein Gebet ist erhört und deine Frau Elisabeth wird dir einen Sohn gebären, und du sollst ihm den Namen Johannes geben. Und du wirst Freude und Wonne haben, und viele werden sich über seine Geburt freuen. Denn er wird groß sein vor dem Herrn; Wein und starkes Getränk wird er nicht trinken und wird schon von Mutterleib an erfüllt werden mit dem Heiligen Geist. Und er wird vom Volk Israel viele zu dem Herrn, ihrem Gott bekehren" (Lukas 1,11–16). Konnte das wahr sein? Das gab es doch gar nicht, dass er in seinem Alter noch Vater werden sollte – und dann der Vater eines solchen Musterknaben?! Das konnte doch nur eine Einbildung sein. „Woran soll ich das erkennen?", fragte Zacharias den Engel, „ich bin alt und meine Frau ist betagt."

Nun stellt sich der Engel vor: Er heiße Gabriel, sei von Gott „gesandt, mit dir zu reden und dir dies zu verkündigen". Als Strafe für seinen Zweifel verordnet der Engel Zacharias Stummheit. Er werde „nicht reden können bis zu dem Tag, an dem dies geschehen wird, weil du meinen Worten nicht geglaubt hast". Vor dem Tempeltor warteten die Menschen schon auf Zacharias. Als er herauskam, „konnte er nicht mit ihnen reden; und sie merkten, dass er eine Erscheinung gehabt hatte im Tempel. Und er winkte ihnen und blieb stumm" (Lukas 1,18–23).

Stumm ging Zacharias nach Hause zu seiner Frau.

Nach kurzer Zeit geschah das Unfassbare. Die alte Elisabeth wird schwanger. „So hat der Herr an mir getan in den Tagen, als er mich angesehen hat", freut sie sich, „um meine Schmach unter den Menschen von mir zu nehmen" (Lukas 1,25). Nun würde sie niemand mehr herablassend ansehen.

Erwartung und Freude

Heute geht es bei der privaten Familienplanung kaum noch um Überlegungen zur Altersvorsorge oder zum

Ansehen in der Gesellschaft. Eigentlich hat sich das Ideal sogar umgekehrt: Wer viele Kinder hat, wird schnell schief angesehen und setzt sich der Gefahr aus, in finanzielle Not zu geraten. Große Familien haben Schwierigkeiten, eine bezahlbare Wohnung zu bekommen, in Restaurants gelten Kinder oft als unwillkommene Lärmmacher. Solche Erfahrungen sind keine Motivation für Paare, Kinder zu bekommen. Hinzu kommen fehlende Kindergartenplätze und unflexible Arbeitgeber: An die Spitze der kinderfreundlichen Länder ist Deutschland leider noch nicht aufgerückt. Dennoch wünschen sich die meisten Paare auch hierzulande Kinder, denen sie etwas mit auf den Weg geben und hinterlassen können.

Und dann gibt es da bei Männern noch eine andere Art der Kinderlosigkeit, eine gefühlte. Viele Väter, die das Aufwachsen ihrer ersten Kinder nicht mitbekommen haben, blicken später traurig zurück und denken sich: „Ich habe ja gar nichts von meinen Kindern mitbekommen!" Weil sie ihre Energien und Zeit in den Aufbau ihrer Karriere gesteckt haben, haben sie wichtige Reifungsschritte ihrer Kinder nicht miterlebt. Sie sind zwar Vater – aber sie waren abwesende Väter. Die Erkenntnis komme zu spät für ihn, singt Peter Maffay in einem berührenden Lied aus der Sicht eines gealterten Vaters: *Ich hatte keine Zeit für dich.* Nichts im Leben bereue er, nur eines könne er sich nicht verzeihen: „Ich ließ dich allzu oft allein." Diese Einsicht mag eine Antriebsfeder für Peter Maffay und unzählige ältere Väter sein, im „50-plus"-Alter ein weiteres Kind zu zeugen. Nicht jeder traut sich so einen Neustart zu, denn er bedeutet meist eine schmerzhafte Trennung von der Erstfamilie. Die Kinder mögen schon an der Schwelle zum Erwachsensein stehen, sind vielleicht schon aus dem Haus, neue Freiräume wecken Sehnsüchte, alles noch mal – aber dann anders und besser zu machen. In solchen Phasen suchen sich einige Männer jüngere Partnerinnen, die ihren Kinderwunsch teilen. Fotos der prominenten Vertreter dieser altersunterschiedlichen Paare geistern durch die Boulevardgazetten und rufen geteilte Reaktionen hervor. Warum denn der sechzigjährige Fußballkaiser nun noch ein Baby bekommen musste? Was diese Neunzehnjährige wohl mit diesem weißhaarigen Schauspieler anfangen will? Und ob die anderen Kindergarteneltern später nicht vermuten, der Abholer sei der Großvater, nicht aber der Vater des Kindes? Bei alldem gilt dennoch: Ob der Vater jung oder alt ist, am Ende zählen nur die Zuwendung und Liebe, die er seinem Sohn oder seiner Tochter schenkt.

Zacharias hingegen wurde im hohen Alter zum ersten Mal Vater. Erhofft, aber unverhofft. Bei ihm und seiner Frau Elisabeth war die Freude groß. Ob sie Zacharias wohl von Marias Besuch erzählt hat? Falls ja, dann wird sie ihm sicher auch von der seltsamen Reaktion des ungeborenen Kindes in ihrem Leib erzählt haben. Denn als Maria vorbeikam und „Elisabeth den Gruß Marias hörte, hüpfte das Kind in ihrem Leibe. Und Elisabeth wurde vom heiligen Geist erfüllt" (Lukas 1,41). Auch an anderen Bibelstellen erfährt man, dass Gott zu den Kindern schon im Mutterleib Kontakt aufnimmt.

„Auf dich bin ich geworfen von Mutterleib an, du bist mein Gott von meiner Mutter Schoß an" (Psalm 22,11), betet der Psalmist. Und im Buch Sirach (50,22) steht zu lesen: „Nun danket alle Gott, der uns von Mutterleib an lebendig erhält und uns alles Gute tut."

Dann war es endlich so weit für Elisabeth und Zacharias, der Sohn erblickte das Licht der Welt. Und die „Nachbarn und Verwandten hörten, dass der Herr große Barmherzigkeit getan hatte, und freuten sich mit" (Lukas 1,58). Wie es üblich war, sollte das Kind acht Tage später beschnitten werden und einen Namen bekommen. Elisabeth bestand darauf, dass der Junge Johannes heißen solle. Das verwunderte die Gäste „und sie sprachen zu ihr: Ist doch niemand in deiner Verwandtschaft, der so heißt. Und sie winkten seinem Vater, wie er ihn nennen lassen wollte. Und er forderte eine kleine Tafel und schrieb: Er heißt Johannes." Darüber wunderten sich alle. Noch mehr über das, was dann geschah: Zacharias konnte wieder sprechen, „sein Mund wurde aufgetan und seine Zunge gelöst, und er redete und lobte Gott".

Seine Vaterschaft gab ihm die Stimme zurück. Und neue Freude am Glauben, denn er „wurde vom Heiligen Geist erfüllt und weissagte und sprach: Gelobt sei der Herr, der Gott Israels! Denn er hat besucht und erlöst sein Volk. Und du, Kindlein, wirst ein Prophet des Höchsten heißen, denn du wirst dem Herrn vorangehen, dass du seinen Weg bereitest und Erkenntnis des Heils gebest seinem Volk." Die späte Geburt deutete er also als Wirken eines persönlichen Gottes. Mit Respekt und Liebe wird er Johannes' Entwicklung beobachtet haben: „Das Kindlein wuchs und wurde stark im Geist" (Lukas 1,57–80).

Der Lobgesang, den Zacharias angesichts der Geburt des Johannes anstimmt, bewegt bis heute viele Herzen. Als „Benedictus" ist es fester Bestandteil der Liturgie vieler Gottesdienste. Die Faszination des väterlichen Lobes überschreitet sogar die kirchlichen Grenzen. Simon and Garfunkel, das weltbekannte Folk-Duo aus den Vereinigten Staaten, vertonten es 1965 nach einer Motette von Orlando di Lasso (1552–1594). Auch auf ihren Konzerten spielten sie diese eindringliche Version in lateinischer Sprache. In neuester Zeit gibt das Lied sogar einem Computerspiel den musikalischen Hintergrund. Die Botschaft überzeugt: Etwas ganz und gar Unerwartetes geschieht, und das Glück, das dieses Wunder bei Zacharias auslöst, zieht die Menschen bis heute in seinen Bann. Nichts ist unmöglich, auch in Sachen Kinderwunsch.

Wer das „Benedictus" distanziert liest, könnte auch zu anderen Schlüssen kommen: Da lobt ein Vater sein Kind über alle Maßen. Das Kind wird überhöht und quasi auf einen Sockel gestellt. Das klingt ja ziemlich anmaßend: „Du, Kindlein, wirst Prophet des Höchsten heißen!" Vielleicht erlebte Zacharias dieselbe Euphorie, in die auch heute Väter nach der Geburt ihres Kindes geraten. Das eigene Kind zum ersten Mal im Arm zu haben, löst ein schier überwältigendes Glücksgefühl aus. Väter wie Mütter können sich nicht sattsehen an ihrem Baby. Sie tragen nicht nur das Kind im Arm. Sie verschaffen dem Wunder des Lebens Zugang zur Welt, sie sind Mitschöpfer Gottes. Dieses Kind ist einzigartig. Träume und

Visionen entstehen im Kopf und im Herzen, bei Vätern mischen sich in die weichen Emotionen Beschützerinstinkte. Und auch dem Glauben nicht nahe stehende Männer ahnen in solchen Momenten etwas von einer Wirklichkeit, die die erfahrbare Realität überschreitet.

Was, wenn der Kinderwunsch unerfüllt bleibt?

Wird der Kinderwunsch erfüllt, sei es durch Glaube oder moderne Medizin, ist die Freude groß. Doch Gebete verhelfen nicht immer zur Erfüllung des Kinderwunsches. Wenn sich trotz aller Versuche kein Erfolg einstellen will, hilft es nur, sich umzuorientieren. Kinder sind nicht der einzig mögliche Sinn des eigenen Lebens. Psychologen fürchten, dass ein übersteigerter und unreflektierter Kinderwunsch sogar problematisch ist und auf tief in der Seele sitzende Traumata hinzuweisen vermag. So kann es kommen, dass sich Väter (oder Mütter) der Illusion hingeben, die eigenen Träume im Leben der Kinder zu verwirklichen. In solchen Fällen werden Kinder statt zu eigenständigen Persönlichkeiten zu Projektionsflächen ihrer Eltern. Gelassenheit ist für ungewollt kinderlose Väter ein guter Ratschlag. Und vielleicht ein Blick in die Bibel, zum Beispiel in die Geschichte des Zacharias, dem Gott im hohen Alter ein Kind gab. Der Mensch denkt und fürchtet sich – Gott schenkt und freut sich am neuen Leben und an den Vaterfreuden.

Josef aus Nazareth

Ungewisse Vaterschaft

Worst Case für einen Vater: Er erfährt, dass das vermeintlich eigene Kind einen anderen Vater hat. Die geglaubte leibliche Vaterschaft endet abrupt. „Vaterschaftsdiskrepanzen" nennen Soziologen diesen Vorgang sachlich, der bei allen Beteiligten ein Schockerlebnis verursacht. Nicht nur, dass die Frau mit einem anderen Mann geschlafen hat, sie hat möglicherweise auch noch jahrelang gelogen. Wie häufig Vätern in Deutschland sogenannte Kuckuckskinder untergeschoben werden, ist unklar – wer redet schon gerne über heimliche Geliebte und One-Night-Stands. Schätzungen bewegen sich zwischen knapp einem und zwölf Prozent. Seit der Entwicklung von Vaterschaftstests lassen sich Vermutungen eindeutig überprüfen. Bis zu 50 Prozent der Männer, die an ihrer leiblichen Vaterschaft zweifeln, geben die Tests Recht.

Die „Kuckuckskinder"-Problematik ist ein moderner Aspekt jenes Geschehens, das sich der Bibel zufolge vor gut 2000 Jahren in Nazareth und Bethlehem abspielte.

Der Zimmermann Josef wurde Vater. Ob er der leibliche Vater des Sohnes war, blieb ihm unklar. Der vermeintlich gesunde Menschenverstand sagt: Das Kind muss ein Kind der Liebe zwischen Josef und Maria gewesen sein. Glaubenskritiker sagen: Die Bibel hat Recht, Josef und Maria hatten kein Kind gezeugt, deshalb muss Maria mit einem anderen Mann zusammen gewesen sein. Die Tradition des Glaubens sagt: Nein, alles war den Beteiligten klar: Das Kind, das geboren wurde, war Ergebnis einer wundersamen göttlichen Zeugung. Im Fall der Vaterschaft des Josef tut sich ein Wirrwarr von historischen Vermutungen und gläubigen Vorstellungen auf.

Gehen oder bleiben?

Eine Lesart der Geschichte legt nahe, dass Josef Zweifel an der Treue seiner Verlobten hatte und sich fragte: Bleibe ich bei dieser Frau? Kann ich das Kind trotzdem lieben und versorgen wie ein eigenes? Sind die Enttäuschung und der Vertrauensbruch überhaupt zu überwinden? Wie sollte er mit der Eifersucht auf den fremden Mann umgehen, dessen Verantwortung er hier übernehmen soll? Sollte er sich nicht lieber schnell von dieser Frau trennen? Soll die Frau doch sehen, wie sie mit dem Kind und ihrem selbstverschuldeten Problem klarkommt. Wie stehe ich denn da, wenn ich hier das Kind eines Fremden großziehe?

Solche und ähnliche Gedanken wird sich Josef gemacht haben, als er erfuhr, dass Maria nicht von ihm schwanger war. Das Matthäusevangelium berichtet, dass er sich am liebsten heimlich aus dem Staub gemacht hätte: „Als Maria dem Josef vertraut war, fand es sich, ehe er sie heimholte, dass sie schwanger war. Josef aber, ihr Mann, war fromm und wollte sie nicht in Schande bringen, gedachte aber, sie heimlich zu verlassen" (Matthäus 1,18f).

Josef scheint seine Verlobte also geliebt zu haben. Zumindest schmiedete er keine Rachepläne und hatte nicht vor, das Problem mit dem unehelichen Kind öffentlich zu machen und sie damit in Verruf zu bringen. Dem Kind ein Vater zu werden, das traute er sich zunächst aber trotzdem nicht zu und plante sein heimliches Verschwinden. Doch „als er das noch bedachte, erschien ihm der Engel des Herrn im Traum und sprach: Josef, du Sohn Davids, fürchte dich nicht, Maria, deine Frau, zu dir zu nehmen; denn was sie empfangen hat, das ist von dem heiligen Geist. Und sie wird einen Sohn gebären, dem sollst du den Namen Jesus geben" (Matthäus 1,20f).

Schwanger vom Heiligen Geist? Von so einer Geschichte würde sich heute kaum ein Mann beeindrucken lassen und mindestens auf einem Vaterschaftstest nach der Geburt bestehen, um herauszufinden, wer denn nun der Konkurrent und leibliche Vater gewesen ist, dessen Pflichten man jetzt übernimmt. Josef aber ließ sich durch die Botschaft des Engels umstimmen. Und als er „vom Schlaf erwachte, tat er, wie ihm der Engel des Herrn befohlen hatte, und nahm seine Frau zu sich" (Matthäus 1,24). Der Dichter Rainer Maria Rilke schildert den Sinneswandel poetisch unter dem

Titel *Argwohn Josephs*. Demnach musste der Engel große Überzeugungsarbeit an Josef leisten, „dem Mann, der seine Fäuste ballte". Auf Josefs Zweifel „schrie der Engel: Zimmermann, merkst du's noch nicht, dass der Herrgott handelt?" Daraufhin lenkt Josef ein. „Er begriff. Und wie er jetzt die Blicke, recht erschrocken, zu dem Engel hob, war der fort. Da schob er seine dicke Mütze langsam ab. Dann sang er lob."

Die Weihnachtsgeschichte

Sich um ein Kind zu kümmern, das nicht das leibliche ist, ist eine besondere Herausforderung. Ist aber statt eines anderen Mannes der Heilige Geist im Spiel, wird alles noch viel komplizierter. Das musste Josef schon vor der Geburt des Sohnes feststellen. Von Propheten war vorausgesagt, dass ein solch besonderes Kind unbedingt in Bethlehem, der einstigen Stadt König Davids, zur Welt kommen müsse. Josef stammte aus Bethlehem – eine Volkszählung, die der römische Kaiser Augustus ausrief, nötigte ihn dazu, mit der hochschwangeren Maria nach Bethlehem zu reisen. Da außer ihnen noch viele andere Leute der Volkszählung wegen unterwegs waren, gab es kaum Unterkünfte. So übernachteten Josef und Maria in einem Stall. „Und als sie dort waren, kam die Zeit, dass sie gebären sollte. Und sie gebar ihren ersten Sohn und wickelte ihn in Windeln und legte ihn eine Krippe" (Lukas 2,6f). Auch bei der Beschneidung und Namensgebung Jesu acht Tage nach der Geburt war Josef als offizieller Vater sicherlich anwesend. Was er sich allerdings gedacht haben mag, als die Hirten und später sogar drei Weise aus dem Morgenland kamen, um das Kind des Heiligen Geistes zu bestaunen, das er von nun an versorgen sollte? Krippendarstellungen zeigen Josef als gutmütigen, beschützenden Mann, der sein Schicksal mit Fassung und im Glauben trägt.

Vatergefühle?

Wie entwickeln sich bei Vätern, die von Anfang an wissen, dass das Kind nicht ihr eigenes ist, Vatergefühle? Welche Rolle spielt die Kränkung, die das vermutete Fremdgehen auslöst? Josef jedenfalls nahm seine Vaterrolle offensichtlich an und auch sehr ernst. Er erwies sich als väterlicher Beschützer auch in einer großen Angstsituation, die sich kurz nach der Geburt ergab. König Herodes hatte von dem außergewöhnlichen Kind gehört und trachtete ihm nach dem Leben. Im Traum wird Josef gewarnt: „Steh auf, nimm das Kindlein und seine Mutter mit dir und flieh nach Ägypten und bleib dort, bis ich dir's sage", erklärte ihm ein Engel, „denn Herodes hat vor, das Kindlein zu suchen, um es umzubringen." Sofort stand Josef auf, nahm Maria und das Baby und „entwich nach Ägypten und blieb dort bis nach dem Tod des Herodes" (Matthäus 2,13f). „Die Heilige Familie auf der Flucht" hat Künstler zu vielen malerischen Visionen angeregt. Eine Flüchtlingsfamilie voller Sorgen, aber doch von guten Mächten wunderbar geborgen und getröstet. Josef, Maria und Jesus auf einem Kamel oder Esel reitend. Wer heutige

Flüchtlingsschicksale kennt, empfindet solche Darstellungen als romantisierend. Aber die Bibel wie die Künstler kaschieren damit nicht die harte Wirklichkeit, sondern geben eine Botschaft weiter: Inmitten von Leid und Armut beschützt Gott eine Familie.

Die Frage nach dem leiblichen Vater

Auch wenn das Verhältnis zwischen Vater und Kind sich trotz aller Schwierigkeiten gut entwickelt und gerade wenn der Vater das Kind liebt wie sein eigenes, ist die Angst vor der Frage nach dem leiblichen Vater meist besonders groß. Für viele Väter in dieser Situation ist es sicher besonders schwer, eigensinnige Verhaltensweisen des Kindes zu akzeptieren, die unmissverständlich auf den anderen hinzuweisen scheinen. Wachsen die Kinder heran, entwickeln sie Neugier nach ihrer Herkunft. Mit der Frage nach dem leiblichen Vater wächst dann auch die Angst davor, das liebgewonnene Kind an ihn zu verlieren. Für heutige Väter ist es tröstlich zu wissen, dass die rechtliche Vaterschaft in Deutschland noch immer mehr zählt als die leibliche. Niemand kann einem das Kind also plötzlich wegnehmen.

Doch wie geht man damit um, wenn das Kind sich für den leiblichen Vater zu interessieren beginnt und ihn plötzlich viel interessanter findet? Vor diese Frage sah sich auch Josef eines Tages gestellt: Als Jesus zwölf Jahre alt war, gingen seine Eltern mit ihm wie in jedem Jahr zum Passafest nach Jerusalem. „Und als die Tage vorüber waren und sie wieder nach Hause gingen, blieb der Knabe Jesus in Jerusalem und seine Eltern wussten's nicht. Sie meinten aber, er wäre unter den Gefährten, und kamen eine Tagereise weit und suchten ihn unter den Verwandten und Bekannten" (Lukas 2,43f). Doch Jesus war nicht zu finden. Verzweifelt eilten Josef und Maria nach Jerusalem zurück. Erst nach drei Tagen fanden sie den Sohn „im Tempel sitzen, mitten unter den Lehrern, wie er ihnen zuhörte und fragte … und als sie ihn sahen, entsetzten sie sich, und seine Mutter sprach zu ihm: Mein Sohn, warum hast du uns das getan? Siehe, dein Vater und ich haben dich mit Schmerzen gesucht. Und er sprach zu ihnen: Warum habt ihr mich gesucht? Wisst ihr nicht, dass ich sein muss in dem, was meines Vaters ist?" (Lukas 2,46.48−49). Verständnislos hörten sich die Eltern an, was ihr Junge da sagte, und nahmen ihn mit nach Hause. Ob es Josef, der den Sohn gerade noch voller Sorge gesucht hatte, sehr verletzte, das zu hören: „Nicht du bist mein Vater, sondern mein wirklicher Vater ist viel größer und mächtiger, und zu ihm kehre ich nun zurück"? Die tiefenpsychologische Bibelauslegung vermutet in dieser Begebenheit die symbolische Darstellung der Lösung eines pubertierenden Jungen von seinem Vater. Ein normaler Entwicklungsschritt auf dem Weg zum Erwachsenwerden.

Seltsam bleibt: Von nun an erfährt der Bibelleser nichts mehr über Josef. Auch über sein Verhältnis zu den „Geschwistern" Jesu, von denen später noch die Rede ist, erfährt man nichts. Manche Exegeten gehen daher davon aus, dass Josef schon gestorben war, als Jesus in die Öffentlichkeit trat.

Der berühmte Sohn und der vergessene Vater

Ist Josef also der Verlierer dieser Geschichte? Obwohl er offenbar alles richtig machte und sich für den Sohn einsetze wie für einen eigenen, gerät er als Vater später völlig in Vergessenheit und scheint auch für Jesus, der sich ganz auf seinen himmlischen Vater konzentrierte, später keine große Rolle mehr gespielt zu haben. Oder vielleicht doch? Josef hat dem Sohn des Heiligen Geistes ein Zuhause gegeben, er hat das Kind vor Bedrohungen beschützt, es großgezogen und sich um Jesus gesorgt wie um einen eigenen Sohn, als er plötzlich verschwunden war. All das klingt auch an, wenn Jesus später von Gott als Vater spricht. Hätte Jesus Gott auch so liebevoll als Vater ansprechen können, wenn er nicht durch Josef gelernt hätte, was Vaterliebe bedeutet?

Die Beziehung zu einem Kind, das nicht das eigene ist, ist oft sehr viel fragiler als die Beziehungen zu eigenen Kindern. Verletzungen, Konkurrenzdenken und Verlustängste müssen überwunden werden. Josef zeigt, dass man dennoch versuchen kann, das Beste aus der Situation zu machen – und zwar vor allem durch einen liebevollen Umgang miteinander. Wer seine Kinder liebt, hat ihnen, auch wenn es nicht die eigenen sind, schon das Wichtigste mit auf den Weg gegeben, was ein Vater geben kann.

Zebedäus

Wenn die Kinder gläubig werden

„Guru nahm Eltern ihren Sohn weg!" Solche Schlag-
zeilen geistern in regelmäßigen Abständen durch die
Boulevardzeitungen. Und dann werden Geschichten
erzählt, die in jedem Vater, jeder Mutter Ängste auslösen:
Kinder schließen sich Sekten oder obskuren Glaubens-
gemeinschaften an. Schnell springt das Kopfkino an
und holt Bilder hervor: eine weiße Bhagwan-Figur,
umringt von unverschämt tanzenden, geistig weggetre-
tenen Jüngern. Oder eine Armee gleichgeschalteter und
uniformierter Sektenanhänger, die unbeirrt einer sich
religiös nennenden „Kirche" wie Scientology folgen,
nachdem sie die eigenen und die elterlichen Konten
geplündert haben. Oft sind diese Geschichten erschüt-
ternd. Denn da begeben sich junge Menschen scheinbar
freiwillig in die totale Abhängigkeit übermächtiger
Vaterfiguren. „Ein Mann wird seinen Vater und seine
Mutter verlassen" (1. Mose 2,24), diese Ablösung gehört
zum Leben, lehrt die Bibel. Sie meint damit, dass ein

Mann mit einer Frau eine eigene Familie gründet – nicht aber, dass der Sohn zu einer religiösen Gruppe wechselt und ein von dieser gefordertes Kontaktverbot gegenüber seinen Eltern befolgt.

Auf diese Weise agieren jedoch neuzeitliche Sekten und Psychogruppen. Auf Kritik hin argumentieren sie kühn mit einem Buch, das sie sonst gerne schlechtreden: mit der Bibel. In den Evangelien werden sie fündig. „Wer Vater oder Mutter mehr liebt als mich, der ist meiner nicht wert", soll Jesus gesagt haben, steht da, und: „Ich bin gekommen, den Menschen zu entzweien mit seinem Vater …" (Matthäus 10,34–39). Mit der Bibel in der Hand spielen die Seelenfänger Elternliebe gegen Sektengehorsam aus. Und finden tatsächlich seltsame Stellen bar jeder Familienharmonie. Etwa die Prophezeiung Jesu, dass Väter ihre Söhne „dem Tod preisgeben" werden „und die Kinder sich empören (werden) gegen die Eltern und sie töten helfen (werden)" (Markus 13,12). Die Autorität der Bibel wird auf diese Weise manipuliert und die Bibel zum Trennungsbuch verdreht. Ihrem unseligen, weil totalitären Treiben verleihen moderne Seelenfänger biblischen Segen, um sogleich strikten Gehorsam ganz anderen Glaubensgesetzen gegenüber zu fordern.

Religionswissenschaftlich betrachtet war auch die Urchristenheit eine Sekte: eine Abspaltung oder Erneuerungsbewegung des Judentums. Und auch der Wanderprediger Jesus mit seiner Jüngerschar hatte in diesem Sinne sektiererische Züge. Mit seiner sehr speziellen Auslegung des jüdischen Gesetzes eckte er bei den religiösen Autoritäten seiner Zeit an.

Es wäre also nachvollziehbar, wenn Väter irritiert oder gar ängstlich darauf reagierten, dass ihr Sohn oder ihre Tochter sich diesem Jesus aus Nazareth anschlossen. Zumal Jesus offensichtlich mit der stärksten Vaterfigur überhaupt lockte: mit Gott. Er sei die Tür zu Gott-Vater, behauptete Jesus, „niemand kommt zum Vater denn durch mich" (Johannes 14,6). Fast übersteigert klingt das Selbstbewusstsein, in dem Jesus sich vergöttlichte: „Ich und der Vater sind eins!" (Johannes 10,30) und Gehorsam forderte: „Wer mir dienen wird, den wird mein Vater ehren" (Johannes 12,26) und „wer nun mich bekennt vor den Menschen, den will ich auch bekennen vor meinem himmlischen Vater" (Matthäus 10,32). In der Gesamtschau eines verantwortlichen, kritischen christlichen Glaubens relativieren sich solche Sätze. Würden heute jedoch Gruppen mit solchen Sprüchen Jugendliche ködern, sprängen bei jedem Vater die Alarmglocken an. Weil hier die normalen Reifungsprozesse eines jungen Menschen in Unfreiheit umgelenkt werden sollen. Und weil ein göttlicher Vater den irdischen, leiblichen ersetzen soll.

Dass Kinder erwachsen werden und früher oder später ihre eigenen Wege gehen, gehört zur allgemeinen Lebensweisheit. Dennoch fordert die Heftigkeit dieser Ablösung auch von Vätern großes Verständnis und große emotionale Anstrengungen. Vielen Vätern fällt dieser Prozess erst auf, wenn die Kinder eigene Interessen entwickeln, die so gar nicht zu denen der Eltern passen wollen, oder sich in Cliquen zusammenfinden, deren Aktivitäten den Eltern suspekt erscheinen.

Plötzlich machen sich Sorgen breit. Was, wenn das Kind auf die schiefe Bahn oder in die Hände irgendwelcher Seelenfänger gerät? Wer als Vater meint, mit Verboten und Diskussionen seine eigenen Vorstellungen durchsetzen zu können, stellt meist fest: Das ist ein ziemlich aussichtsloses Unterfangen.

Glücklich kann sich schätzen, wer schon von Anfang an am Leben seiner Kinder teilhatte und weiß, dass sie ein Gefühl dafür entwickelt haben, worauf es im Leben und im Glauben wirklich ankommt. Der nämlich kann darauf vertrauen, dass die Kinder schon wissen, was sie tun, und sie beruhigt ihre eigenen Erfahrungen machen lassen.

Ob Zebedäus sich wohl Sorgen machte, als seine Söhne sich Jesus anschlossen? Oder traute er ihnen zu, schon die richtige Entscheidung getroffen zu haben?

Zebedäus

Viel ist in der Bibel nicht überliefert über diesen Vater. Von Beruf war Zebedäus Fischer und hatte wohl auch seine Söhne diesen Beruf gelehrt. Denn sie saßen gerade gemeinsam in ihrem Boot am See Genezareth und flickten ihre Fischernetze, als Jesus vorbeikam. „Alsbald rief er sie und sie ließen ihren Vater Zebedäus im Boot mit den Tagelöhnern und folgten ihm nach" (Markus 1,19f). Von heute auf morgen hatten ihn beide Söhne verlassen und mit seiner Arbeit alleine gelassen, um diesem merkwürdigen Wanderprediger Jesus zu folgen. War Zebedäus entsetzt darüber oder traurig? Machte er sich Sorgen oder traute er ihnen zu, zu wissen, was sie taten? Was hielt er selbst von diesem Jesus und seinen Überzeugungen? All diese Fragen lässt die Bibel offen.

Von seiner Frau allerdings wissen wir, dass sie Jesus und seiner neuen Bewegung nicht abgeneigt gegenüberstand. Sie soll sogar beim Tod und beim Begräbnis Jesu anwesend gewesen sein. Ob sie ihren Söhnen mit dem Einverständnis ihres Mannes gefolgt ist? Oder hat sie sich mit Zebedäus über den neuen Glauben gestritten, den dieser Jesus da verbreitete? Auch das verrät die Bibel nicht. Der Leser erfährt aber: Eines Tages ging sie gemeinsam mit ihren Söhnen zu Jesus, „fiel vor ihm nieder und wollte ihn um etwas bitten. Und er sprach zu ihr: Was willst du? Sie sprach zu ihm: Lass diese meine beiden Söhne sitzen in deinem Reich, einen zu deiner Rechten und den andern zu deiner Linken. Aber Jesus antwortete und sprach: Ihr wisst nicht, was ihr bittet. Könnt ihr den Kelch trinken, den ich trinken werde? Das Sitzen zu meiner Rechten und Linken zu geben, steht mir nicht zu. Das wird denen zuteil, für die es bestimmt ist von meinem Vater" (Matthäus 20,20f.23b). So ganz verstanden hatte sie wohl noch nicht, worum es Jesus eigentlich ging. Das verrät ihre Kleingläubigkeit, mit der sie in mütterlichem Elan für ihre Söhne den besten Platz im Himmel reservieren wollte. Vielleicht hatte sie vor lauter Ehrgeiz für ihre Söhne nicht richtig zugehört, als Jesus erklärt hatte: „Wer mir nachfolgen will, der verleugne sich selbst und nehme sein Kreuz auf sich und folge mir nach. ... Denn was hülfe es dem Menschen, wenn er die ganze Welt gewönne und nähme an seiner Seele Schaden?" (Markus 8,34.36).

Dass Nachfolge etwas ganz anderes bedeutet als das Kämpfen um den besten Platz im Jenseits, musste sie also noch lernen.

Leider wissen wir nicht, was Zebedäus von diesem mütterlichen Ehrgeiz hielt. Von diesbezüglichen Streitereien ist jedenfalls nichts überliefert.

Die Jesus-Gruppierung

Doch nicht immer sind sich Kinder und Eltern da so einig. Oft betonen die Eltern anfangs noch, das Kind solle später selbst über seinen Glauben und seine Weltanschauung entscheiden – nicht selten eine wohlmeinend scheinende Ausrede, um nicht selbst Stellung beziehen und die religiöse wie politische Bildung ihrer Kinder selbst in die Hand nehmen zu müssen. Denn zunächst klingt es gut, wenn man betont, man wolle seinem Kind nichts aufzwingen. Aber welches Kind, das den Glauben nie kennengelernt und nie eine Antwort auf seine Fragen nach dem, was hinter den Dingen der Welt liegt, bekommen hat, kann später wirklich selbst entscheiden, ob es einer Religionsgemeinschaft tatsächlich um den Glauben geht oder ob es sich dabei um eine Sekte mit eher zweifelhaften Absichten handelt? Welches Kind, das nie gelernt hat, Ideologien kritisch zu prüfen, kann sich später wirklich frei entscheiden, wenn eine Gruppierung ihm die gesuchten Antworten verspricht?

Menschen, egal welchen Alters, suchen nach Antworten auf die Frage: Wo komme ich her und wo wird das alles einmal enden? Und die meisten suchen einen Sinn in ihrem Leben, der über die eigene Begrenztheit hinausreicht. Väter sind auch in dieser Dimension genauso in der Erziehungsverantwortung. Dabei kommt es gar nicht so sehr darauf an, immer eine Antwort parat zu haben. Nur eines gilt nicht: sich aus der Verantwortung zu stehlen. Denn auch ein Vater, der zugibt, dass er in diesen Fragen vielleicht selbst nicht immer sicher ist, was er denken und glauben soll, gibt den Kindern etwas Wertvolles mit auf den Weg. Wenn wichtige Lebensfragen aber ausgeblendet werden, machen die Kinder sich eines Tages anderswo auf die Suche nach Antworten.

Wie Zebedäus seine Kinder erzogen hat, wissen wir nicht. Vieles spricht aber dafür, dass auch er der neuen Jesusbewegung nicht ablehnend gegenüberstand. Und das, obwohl Jesus Dinge tat, die nicht jedem in der Gesellschaft gefielen. Zwar hatte er nicht vor, eine neue Religion zu gründen, setzte sich vielmehr mit dem Judentum seiner Zeit auseinander. Doch sein Verhalten blieb vielen Leuten suspekt. Er sammelte nicht Jünger um sich, um sie im jüdischen Glauben und den Gesetzen zu unterrichten. Er forderte von ihnen mit Blick auf das kommende Gottesreich eine radikale Nachfolge – was auch bedeuten konnte, dass die Jünger sich völlig von ihren Familien lösten. Zudem legte er die jüdischen Gebote teilweise ganz anders aus, als es üblich war. Was den herrschenden religiösen Gruppen gründlich missfiel und letztlich auch zu seiner Hinrichtung führte.

Zebedäus muss also schon einiges an Vertrauen in seine Kinder – und wohl auch in Jesus – gehabt haben, wenn er sie einfach so mit ihm ziehen ließ.

Kinder rechtzeitig stark machen

Wo aber nimmt man als Vater dieses Vertrauen her? Es entwickelt sich wohl am besten durch einen intensiven Kontakt mit den Kindern. Wer weiß, was seine Kinder bewegt und interessiert, wer ihnen als Ansprechpartner zur Verfügung steht und seine eigenen Ansichten, Hoffnungen und Zweifel schon früh mit ihnen teilen konnte, der muss sich später weniger Sorgen machen, wenn die Kinder sich abzugrenzen beginnen. Denn er kann darauf vertrauen, dass sie gelernt haben, eigene Entscheidungen zu treffen. Zebedäus scheint das geschafft zu haben.

—

Jairus

Hoffnung für die Tochter

Wenn das eigene Kind schwer krank ist, vielleicht sogar im Sterben liegt, ist das für die ganze Familie eine bittere und gefühlsgeladene Zeit. Jeder noch so kleine Gesundungsfortschritt wird zum Hoffnungs-schimmer im Kampf gegen die Angst vor dem Verlust des geliebten Kindes, die sich drohend über alles zu legen scheint.

Diese Erfahrungen musste auch der Synagogenvor-steher Jairus machen, als seine Tochter im Sterben lag. Sie stand kurz vor Erreichen des heiratsfähigen Alters. Eine Zeit, in der die Eltern damals ihre Töchter nor-malerweise dankbar einem Ehemann übergeben haben. Jairus' Tochter jedoch erkrankte schwer. Dem Vater war klar, dass er irgendetwas unternehmen musste, um sein Kind nicht zu verlieren. Als er hörte, Jesus sei in der Gegend, schöpfte er wieder Hoffnung. Jairus eilte zu ihm, „und als er Jesus sah, fiel er ihm zu Füßen und bat ihn sehr und sprach: Meine Tochter liegt in den letzten Zügen; komm doch und lege deine Hände auf sie, damit sie gesund werde und lebe" (Markus 5,22f).

Auch heute wenden sich viele Eltern kranker Kinder in ihrer Verzweiflung an Wunderheiler. In dieser Branche gibt es verantwortungsvolle Menschen, die eng mit den behandelnden Ärzten zusammenarbeiten und keine falschen Versprechungen machen. Doch tummeln sich hier besonders viele Scharlatane, die mit der letzten Hoffnung der Eltern schnelles Geld machen wollen. Oft werden unglaubliche Heilungsversprechen abgegeben, die vermeintlichen Retter lassen sich ihre Behandlungen teuer bezahlen und gefährden so nicht nur das Wohl des kranken Kindes, sondern der ganzen Familie.

Scharlatane gab es schon in biblischer Zeit. Jairus' Zutrauen in die Heilungskünste des Wanderpredigers Jesus war also nicht risikolos. Zumal Jairus eine herausgehobene Stellung in der jüdischen Gemeinde innehatte und der Vorwurf des Götzendienstes lauerte. Als Heilmittel hätten Jairus unterschiedliche Dinge zur Verfügung gestanden. Zu biblischer Zeit wurde gegen Geschwüre zum Beispiel Feigenpflaster verwendet. Gegen Unfruchtbarkeit nahm man Alraunen. Zur Wundversorgung wurden Öl und Wein genommen, Ysop und Wasserbäder halfen gegen Aussatz und Hautprobleme. Letztlich jedoch ging man davon aus, dass Gott alle Krankheiten heile und sich dabei der einzelnen Mittel sowie der Priester und Ärzte nur bediene. „Ich bin der Herr, dein Arzt" (2. Mose 15,26), beschreibt Gott sich selbst, „ich kann töten und lebendig machen, ich kann schlagen und kann heilen" (5. Mose 32,39).

Voll Dankbarkeit betet dann auch der Psalmist: „Herr, mein Gott, als ich schrie zu dir, da machtest du mich gesund" (Psalm 30,3).

Auf Jairus mögen solche heilungsgewissen Gebete leicht zynisch gewirkt haben. Denn bislang hatten weder Medizin noch Gebete seine Tochter gesund gemacht. Nun wandte der besorgte Vater sich an Jesus, von dem er gerüchteweise gehört hatte, er habe eine besondere Verbindung zu Gott.

Er scheint Jesus vertraut zu haben und machte sich mit ihm zusammen auf den Weg nach Hause. Jesus jedoch wurde umlagert von Menschenmassen. Eine kranke Frau berührte voller Hoffnung sein Gewand und Jesus nahm sich Zeit für sie. Trotz der Angst um seine Tochter ist Jairus zum tatenlosen Warten verdammt. Eine zermürbende Erfahrung der Ohnmacht.

Als Jesus sich noch mit der Frau unterhielt, die den wartenden Jairus und ihn aufgehalten hatte, „kamen einige aus dem Hause des Vorstehers der Synagoge und sprachen: Deine Tochter ist gestorben; was bemühst du weiter den Meister?" Jairus muss in diesem Moment innerlich zusammengebrochen sein. Jesus machte ihm Mut: „Fürchte dich nicht, glaube nur!" (Markus 5,35f).

Was für eine Forderung! Da erfährt der Vater gerade von seinen Bekannten, dass es zu spät ist und alle Bemühungen umsonst waren – seine Tochter ist soeben gestorben. Und dann sagt der fremde Heiler: Bleib einfach nur ruhig und glaube. Gerade für Männer sind solche Gelassenheitsratschläge eine Tortur. Männer wollen meist aktiv sein, wollen irgendetwas tun. Wollen gegen das Unrecht, das ihnen widerfahren ist, ankämpfen. Erst recht als Väter, wenn es um das Leben ihrer Kinder geht. Jairus aber scheint noch immer volles Vertrauen in Jesus gehabt zu haben. Kein Wort ist da zu lesen von Mutlosigkeit oder Verzweiflung.

Ganz anders sah das bei den Trauernden aus, die schon in seinem Haus zusammengekommen waren. Als Jesus und er dort ankamen, sahen sie „das Getümmel und wie sehr sie weinten und heulten". Jesus aber ging hinein und fragte: „Was lärmt und weint ihr? Das Kind ist nicht gestorben, sondern es schläft." Daraufhin verlachte ihn die Menschenmenge. Jesus reagierte diesmal gar nicht sanft, sondern harsch: Er trieb sie alle hinaus. Dann nahm er nur Jairus und dessen Frau mit in das Zimmer des Kindes. Jairus sah sein Kind dort liegen, seine verzweifelte Frau stand neben ihm – was mag er wohl gedacht haben, als er sah, wie der fremde Mann sich über seine Tochter beugte? Jesus nahm die Hand des Mädchens und sagte: „Talita kum! – das heißt übersetzt: Mädchen, ich sage dir, steh auf!" (Markus 5,41). So geschah es: „Das Mädchen stand auf und ging umher." Die Eltern „entsetzten sich sogleich über die Maßen". „Sie entsetzen sich" – so nennt die Bibel das erschreckte Staunen angesichts des unfassbaren Geschehens, das der Freude der Eltern voranging. Vielleicht hatten die Eltern zunächst Angst, dass es sich nur um eine Einbildung oder Geistererscheinung handeln könnte.

Sie solle etwas essen, fordert Jesus das Mädchen auf. Das ist weniger als Aufpäppeln zu deuten denn als weiterer Beweis für ihr Leben. Weil Geister, so war man damals überzeugt, keine feste Speise zu sich nehmen können. „Es ist aber der Glaube eine feste Zuversicht auf das, was man hofft, und ein Nichtzweifeln an dem, was man nicht sieht" (Hebräer 11,1), heißt es in einem anderen Kapitel der Bibel. Vater Jairus hat sich seine Zuversicht bewahrt. Durch seinen Glauben war es ihm gelungen, seine Tochter ins Leben zurückzuholen.

Dass es nicht immer so geschieht, müssen Väter bis heute erfahren. Auch wenn es zum Beispiel aus esoterischen und fundamentalistischen Kreisen immer wieder tönt: Ist dein Glaube nur stark genug, wirst du schon gesund! Dennoch sterben an jedem Tag in Deutschland und auf der ganzen Welt unzählige Kinder, ohne dass der Glaube es verhindern kann. Auch die Väter nicht, die doch so gerne alles unter Kontrolle hätten. Angesichts der Unfassbarkeit dieses Geschehens können sich neben der Trauer dann auch Verzweiflung und Wut breitmachen. Nicht selten geben gerade die Väter sich selbst die Schuld am Leid des Kindes.

Die Geschichte des Jairus und seiner Tochter macht Hoffnung, dass der Glaube vor dem Tod bewahren kann. Klar bleibt dennoch: Der Tod gehört zum Leben. Und Menschen sterben manchmal auch schon sehr früh. Das hinzunehmen, ohne es verstehen zu können, ist für Eltern unfassbar schwer. Viele biblische Geschichten nähren die Glaubenszuversicht, die auch Väter brauchen, um solch ein Schicksal zu ertragen.

Herodes
Ein Stiefvater unter Druck

Jesus und Johannes den Täufer eint vieles. Für dieses Buch ist nicht nur bemerkenswert, dass beiden Vaterfreuden versagt blieben, jedenfalls die irdischen. Auch stellt das tragische Sterben beider großen Gestalten des Neuen Testaments die Nachwelt vor die Deutungsfrage, die lautet: Wer war schuld an ihrem Tod? Im Hinblick auf Jesus kann die Antwort verschieden ausfallen: Die jüdischen Autoritäten, das Volk und die römischen Besatzer hatten ein Interesse daran, Jesus zu beseitigen, aber wer war treibend und entscheidend? Jenseits der historischen Vorgänge, die nicht mehr zu rekonstruieren sind, hat die Antwort weitreichende theologische Konsequenzen. Ähnliches gilt für die Suche nach dem Schuldigen am Tod Johannes' des Täufers. Wer war verantwortlich für seine Hinrichtung? Herodes Antipas, dessen Frau Herodias oder seine Stieftochter, die die spätere kirchliche Tradition Salome genannt hat? Eine Familiengeschichte aus der Mottenkiste biblischer Erzählungen – und doch mit wesentlichen Parallelen zu den Beziehungs-Gemengelagen in heutigen Stieffamilien, und zwar quer durch alle Kulturen und sozialen Schichten. Das Verhältnis zwischen Stiefvätern und Stiefkindern ist oft schwierig. Ängste, Neid und Machtkämpfe um die Aufmerksamkeit der Mutter erschweren nicht selten das Kennenlernen, und es kann lange dauern, bis jeder seine Rolle in dem neuen Familiengefüge gefunden hat. Und dann ist da ja meist auch noch der leibliche Vater, dem gegenüber das Kind eine eigene Position finden muss. Durch seine Rolle als Stiefvater geriet auch König Herodes eines Tages unter ziemlichen Druck.

Familiäre Verstrickungen

Herodes entstammte einer einflussreichen Herrscherfamilie, in der er schon früh viele Grausamkeiten erlebte. So soll sein namensgleicher Vater („der Große") in Bethlehem alle männlichen Kinder bis zum Alter von zwei Jahren ermorden lassen haben (Matthäus 2,16–18). Mit dieser brutalen Anordnung meinte er den soeben geborenen Jesus als künftigen Konkurrenten im Königsamt ausschalten zu können. Auch vier Brüder des jungen Herodes brachte sein Vater um. Ein grausamer, mordender Vater: Was für eine schwere Hypothek für den Sohn.

Über ein Jahrhundert lang prägte die Herrscherfamilie des Herodes die Geschichte Palästinas und verband jüdische und römische Interessen durch freundschaftlichen Kontakt mit Rom. Nach dem Tod seines Vaters wurde das Reich auf drei der noch verbliebenen Söhne aufgeteilt. Im Alter von 24 Jahren wurde Herodes („Antipas") Tetrarch von Galiläa und regierte über die Gebiete nördlich und östlich des Sees Genezareth.

Kurze Zeit später verliebte sich Herodes in seine Schwägerin Herodias, die Frau seines Halbbruders Philippus. Ihretwegen verstieß Herodes seine erste Frau, deren Vater vor Wut einen Krieg mit ihm begann. Aus Liebe zu Herodes verließ auch Herodias ihren Mann und heiratete Herodes. Herodias brachte ihre Tochter mit in die Ehe – die Bibel nennt ihren Namen nicht, erst seit dem fünften Jahrhundert wird sie Salome genannt. Was damals in Herrscherfamilien üblich war – die Ehe unter Verwandten –, das trieben die beiden durch ihr rücksichtsloses Vorgehen derart auf die Spitze, dass Kritik und Probleme nicht lange auf sich warten ließen.

Macht und Ohnmacht

Kleinere Rangeleien und Machtkämpfe gibt es in jeder Familie. Und jeder Vater weiß wohl, welche Tricks seine Kinder auf Lager haben, um sich vor der Hausarbeit zu drücken oder ihn zu einem Besuch im Freizeitpark zu überreden. Für Stiefväter ist es da oft noch schwieriger, einen festen Standpunkt zu entwickeln und durchzusetzen. Man liebt die Frau, mag die Kinder und möchte gerne ein Teil der neuen Familiengemeinschaft werden.

Doch der Platz des Vaters ist schon besetzt. Was also tun? Durch Strenge das eigene Durchsetzungsvermögen demonstrieren oder sich den Platz in der Familie durch Nachgiebigkeit erschmeicheln?

Je komplizierter die Familienverhältnisse sind, je mehr Streitereien, Unausgesprochenes und Bündnisse es schon vorher gab, desto schwieriger wird es für den Neuankömmling, eine eigene Position in der Familie zu finden. Das bekam auch Herodes zu spüren.

Durch die Ehe mit seiner Schwägerin hatte sich Herodes bei den Juden nicht sonderlich beliebt gemacht. Schließlich waren dadurch auch noch die vorherigen Ehen der beiden zu Bruch gegangen. Seinem Unmut über diesen doppelten Ehebruch machte sich Johannes der Täufer eines Tages Luft und sagte zu Herodes: „Es ist nicht recht, dass du die Frau deines Bruders hast" (Markus 6,18). Dieser Angriff auf ihre Familienverhältnisse brachte Herodias auf die Palme. Sie „stellte ihm nach und wollte ihn töten und konnte es nicht, denn Herodes fürchtete Johannes, weil er wusste, dass er ein frommer und heiliger Mann war" (Markus 6,19f). Herodes ließ Johannes den Täufer zwar gefangen nehmen, ansonsten traute er sich jedoch nichts gegen ihn zu unternehmen, denn zwar wurde er „sehr unruhig", wenn er Johannes predigen hörte, „doch er hörte ihn gern" (Markus 6,20). Seine Frau allerdings gab nicht auf. Als Herodes Geburtstag hatte, stiftete sie ihre Tochter Salome an, die Hinrichtung Johannes' des Täufers durchzusetzen.

Von der Stieftochter überrumpelt

Zu seiner Geburtstagsfeier hatte Herodes alle wichtigen Männer Galiläas eingeladen. Und als die Party gerade in vollem Gange war, „da trat herein die Tochter der Herodias und tanzte und gefiel Herodes und denen, die mit am Tisch saßen. Da sprach der König zu dem Mädchen: Bitte von mir, was du willst, ich will dir's geben. Und er schwor ihr einen Eid: Was du von mir bittest, will ich dir geben, bis zur Hälfte meines Königreichs" (Markus 6,22f).

Hatte Herodias gewusst, wie sehr Salome ihrem Stiefvater gefiel? Hatte sie sie deswegen bei der Feier tanzen lassen? Oder gefiel es Salome selbst, auszutesten, wie leicht sie ihren Stiefvater um den Finger wickeln konnte? Die Vermutung liegt nahe, dass Herodias ihre Tochter benutzte, um endlich ihr eigenes Ziel zu erreichen. Denn Salome scheint gar keinen eigenen Wunsch gehabt zu haben, den Herodes ihr erfüllen sollte. Nachdem der Stiefvater ihr das Versprechen gegeben hatte, ging sie „hinaus und fragte ihre Mutter: Was soll ich bitten? Die sprach: das Haupt Johannes des Täufers. Da ging sie sogleich eilig hinein zum König, bat ihn und sprach: Ich will, dass du mir gibst, jetzt gleich auf einer Schale, das Haupt Johannes' des Täufers" (Markus 6,24f).

Stiefvater Herodes reagierte „betrübt" (Markus 6,26) und ohnmächtig. Natürlich konnte er sich vor all den Gästen jetzt nicht die Blöße geben, Salome ihren Wunsch nicht zu erfüllen. Der Stiefvater zeigte Konsequenz. „Sogleich schickte der König den Henker

hin und befahl, das Haupt des Johannes herzubrin-
gen. Der ging hin und enthauptete ihn im Gefängnis
und trug sein Haupt herbei auf einer Schale und gab's
dem Mädchen und das Mädchen gab's seiner Mutter"
(Markus 6,27f).

Vor seinen Gästen hatte Herodes zwar sein Gesicht
gewahrt. Ihn selbst aber muss diese Geschichte noch
lange beschäftigt haben. Warum hatte er sich durch
den Tanz seiner Stieftochter bloß dazu hinreißen lassen,
einen Mann zu töten, den er selbst für einen Heiligen
hielt? Noch Jahre später, als Jesus bekannt geworden
war und die Leute mutmaßten, in ihm sei ein beson-
derer Prophet wiedergekehrt, glaubte Herodes: „Es ist
Johannes, den ich enthauptet habe, der ist auferstanden"
(Markus 6,16).

Kampf oder Verständigung?

In der Familie des Herodes benutzte jeder jeden, wie es
ihm gerade gefiel. Jeder, der sich diesem unseligen Sip-
penstil in den Weg stellte, wurde kurzerhand aus dem
Weg geräumt. Herodes und Herodias hatten es offensichtlich nicht anders gelernt. Dabei wären gegenseitiger
Respekt und das Akzeptieren der Grenzen des anderen
gerade in so komplizierten Familienverhältnissen umso
wichtiger gewesen.

Wohin es führen kann, wenn Stiefväter ihre Rolle
in der neuen Familie missverstehen, zeigen auch heute
noch immer wiederkehrende Medienberichte zu
Übergriffigkeiten. So schoss der Stiefvater der Ulmer

Box-Weltmeisterin Rola El-Halabi seine Stieftochter im Jahr 2011 nieder und zerstörte ihre Karriere. Sie hatte ihn kurz zuvor aus seiner Managerposition entlassen, weil er ihren Freund nicht akzeptierte. Das vorher scheinbar recht enge Verhältnis zwischen Stiefvater und Stieftochter zerstörte er dadurch völlig. Auch von Vergewaltigungen und Liebschaften zwischen Stiefvätern und -töchtern ist immer wieder zu lesen. Viele Psychologen gehen davon aus, dass derartige Übergriffe in Stieffamilien häufiger vorkommen, da das Inzesttabu, das im Kontakt mit dem Kleinkind entstehe, fehle, wenn sich die Beteiligten erst später kennenlernten.

Aber das Familienleben in einer Patchwork-Familie kann auch problemlos gelingen. Nicht nur dem Stiefvater wird in der neuen Familie Einfühlungsvermögen abverlangt. Er ist zunächst der Eindringling, der den Kindern plötzlich ihre Zeit mit der Mutter und dem leiblichen Vater seine Vaterrolle streitig zu machen droht. Die Kinder merken meist schnell, dass sich die Unsicherheit des Neuen auch ausnutzen lässt. Wer nun zu Nachgiebigkeit neigt, weil er meint, so eher akzeptiert zu werden, wird schnell zum Spielball der familiären Dynamik. Aber auch wer sich einfach rücksichtslos in die Vaterposition drängt, wird nicht unbedingt ernst genommen. Denn gerade dagegen wehren sich die Kinder oft heftig; ihnen ist ja klar, wer ihr leiblicher Vater ist, und sei er auch in weiter Ferne. Psychologen raten Stiefeltern daher heute vor allem zu Zurückhaltung und nicht allzu hohen Erwartungen. Die Erzieherrolle könne man getrost den leiblichen Eltern überlassen. Als Stiefvater reiche es, gerade wenn die

Kinder schon älter sind, ihnen gegenüber eine Rolle als Freund und Ansprechpartner einzunehmen. Vor allem Einigkeit unter den Erwachsenen helfe den Kindern dabei, den „Neuen" in der Familie zu akzeptieren.

Mit der Einigkeit zwischen Herodes und Herodias war es nicht sonderlich weit her. Und so tappten auch sie in die Falle, die heute noch viele Stieffamilien zerbrechen lässt. In diesem Fall zog Herodias die Fäden und spielte ihre Tochter gegen den Stiefvater aus. Doch egal, ob als leibliche Eltern oder als Stiefvater: Wer versucht, die Kinder in einen Loyalitätskonflikt zu bringen, um seine eigene Position zu stärken, schadet nicht nur ihnen, sondern zerstört auch jede Basis für gutes Zusammenleben. Unstimmigkeiten unter den Erwachsenen sollten die Eltern also am besten unter sich lösen.

Herodes und Herodias zeigen, wie man die Sache besser nicht angehen sollte. Für Stiefväter der heutigen Zeit hält die Forschung aber noch eine gute Nachricht bereit: Meist machen sie gar nicht so viel verkehrt, wie sie vielleicht befürchten. Da Stiefväter oft viel zurückhaltender in ihre neue Rolle einsteigen als Stiefmütter, fällt es den Kindern leichter, sie als neuen Partner der Mutter zu akzeptieren.

Vater des verlorenen Sohnes

Sehnsucht nach offenen Armen

„Bin ich ein guter Vater?" Eine Familienzeitschrift lud ihre Leser zu einem Selbsttest ein. Auf einer Skala von „Fast nie" bis „Fast immer" sollten Väter ihr Verhalten einschätzen. Wie oft man „freundliche Gespräche" mit dem Kind führe und wie oft man es umarme; ob man zu Elternsprechtagen gehe und ob es schwerfalle, konsequent zu sein: Die Antworten auf die vierzig Fragen wurden mit Hilfe eines psychologisch ausgeklügelten Systems ausgewertet, und in unterschiedlichen Kategorien konnten die Väter dann lesen, wo ihre Stärken und Schwächen liegen. Der Vater des verlorenen Sohnes hätte bei diesem Test wahrscheinlich sehr gut abgeschnitten. Denn er ist mit seinen Söhnen vorbildlich umgegangen. So vorbildlich, wie wohl nur ein idealtypischer Vater sein kann. Passend also, dass der Evangelist Lukas diesem biblischen Vater keinen Namen gegeben hat (Lukas 15,11–32). Er ist der gute

Vater schlechthin: Er kann loslassen und verzeihen, ist großherzig und weise. Damit verkörpert er göttliche Eigenschaften. Kein Wunder. Denn das Gleichnis, in dem Jesus die Geschichte dieses Vaters erzählt, soll etwas vom Himmel auf Erden verdeutlichen. Die Geschichte vom verlorenen Sohn tut dies auf so eindringliche und nachvollziehbare Weise, dass sie eine der bekanntesten der Bibel geworden ist. Sie fasziniert Väter wie Söhne in allen Kulturen. Es geht in ihr um zwei gar nicht in erster Linie im Glauben verwurzelte Kategorien: um Freiheit und ums Scheitern.

„Siehste – hab ich's dir nicht gesagt?" Väter erliegen leicht der Versuchung, ihren Kindern mit dieser Haltung zu begegnen, wenn kleine oder große Pläne gescheitert sind. Ja, natürlich sind Väter allein aufgrund ihres Alters lebenserfahrener als ihre Kinder. Doch wer mit besserwisserisch erhobenem Zeigefinger erzieht, nimmt die eigenen Reifungsprozesse eines heranwachsenden Menschen nicht ernst. Das führt nicht selten zu Streit und einer wachsenden Entfremdung zwischen Vätern und ihren Kindern, oft sogar zur Entzweiung oder zum Kontaktabbruch. Der Vater in Jesu Gleichnis vom verlorenen Sohn zeigt allerdings, dass es nicht so enden muss.

Wenn Kinder erwachsen werden

Jesus erzählte von einem wohlhabenden Mann, der zwei Söhne hatte. Ein stattliches Erbe war also vorhanden. Der Jüngere bat seinen Vater, das ihm zustehende Erbteil schon zu Lebzeiten auszuzahlen. Der Vater zögerte nicht lange und „teilte Hab und Gut" unter seine Söhne. Was nach damaligem Recht bedeutete: Der ältere Sohn bekam den Hof, der jüngere ein Drittel des Vermögens. Mit dem Geld machte sich dieser nun auf „und zog in ein fernes Land". Dass Söhne auswanderten und anderswo ihr Glück suchten, war in Israel zur damaligen Zeit nicht unüblich, denn das Land konnte nicht das ganze Volk ernähren, und es gab oft Hungersnöte. Die Bitte des Sohnes um Auszahlung des Erbes und seine Auswanderungspläne kamen für den Vater also sicher nicht völlig überraschend. Wie es dem Vater in diesem Moment mit der Entscheidung seines Sohnes ging, verrät das Gleichnis allerdings nicht. Machte er sich Sorgen, ob sein Sohn in der Fremde wohl zurechtkommen werde, oder vertraute er darauf, dass er es schon schaffen werde? Hatte er Angst davor, den Sohn zu verlieren, oder gönnte er ihm seine eigenen Erfahrungen und ein vielleicht sogar besseres Leben in der Ferne?

Auffällig ist allerdings, dass der Vater seinen Sohn den eigenen Weg gehen ließ, ganz ohne ihn mit den üblichen Ratschlägen des Lebenserfahreneren zu überhäufen oder vor Fehltritten zu warnen. Meist ist es ja gerade die Angst der Eltern, das Kind zu verlieren, wenn sie es loslassen und ihm eigene Entscheidungen zugestehen, die bei den Kindern auf Unverständnis stößt und erst recht zu Streit und Distanzierung führt. Der Vater in Jesu Gleichnis scheint das gewusst zu haben. Er hielt seinen Sohn weder zurück, noch versuchte er ihm Vorschriften zu machen. Beide trennten sich ganz offensichtlich in Frieden.

Sehnsucht und Entfremdung

Dennoch ist es ihm, wie fast allen Vätern, sicherlich nicht leichtgefallen, den Sohn ziehen zu lassen. Schließlich möchte man doch wissen, wie es dem Kind geht und was aus ihm wird. Ohne Post, Telefone und Computer war es damals schwierig, Nachrichten aus der Ferne zu erhalten. Eltern, deren Kinder ins Ausland gehen, vielleicht sogar als Soldaten in einen Einsatz müssen, Väter, die sich im Streit von ihren Kindern getrennt haben oder deren Kontakt zu Tochter und Sohn nach einer Scheidung abbrach, erleben auch heute noch, wie schwer es ist, mit der Sehnsucht und Ungewissheit zurechtzukommen.

Plötzlich kann man Erlebnisse nicht mehr miteinander teilen, jeder macht eigene Erfahrungen, man weiß nicht, wie es dem anderen geht. Die Sehnsucht nach einem Wiedersehen wächst mit der Dauer der Ungewissheit, genau wie Zweifel an der Zuneigung des anderen. Und so führt der Weggang eines Kindes oft auch zu Entfremdung.

Wie groß diese Entfremdung manchmal werden kann, das hat Franz Kafka in seiner Parabel *Heimkehr* aus der Perspektive eines Sohnes eindrücklich beschrieben: „Ich bin angekommen. Wer wird mich empfangen? Wer wartet hinter der Tür der Küche? Rauch kommt aus dem Schornstein, der Kaffee zum Abendessen wird gekocht. Ist dir heimlich, fühlst du dich zu Hause? Ich weiß es nicht, ich bin sehr unsicher. Meines Vaters Haus ist es, aber kalt steht Stück neben Stück, als wäre jedes mit seinen eigenen

Angelegenheiten beschäftigt, die ich teils vergessen habe, teils niemals kannte ..."

Auch der Sohn aus dem Gleichnis Jesu traute sich lange nicht, nach Hause zurückzukehren. Denn was sein Vater nicht wusste: Es ging ihm gar nicht gut in der Fremde. In jugendlichem Überschwang hatte er sein Geld gleich zu Beginn seiner Reise verprasst. Daraufhin versuchte er sich als Schweinehirte auf dem Hof eines Heiden durchzuschlagen, doch nicht einmal von dem Schweinefutter bekam er etwas zu essen ab. „Da ging er in sich und sprach. Wie viele Tagelöhner hat mein Vater, die Brot in Fülle haben, und ich verderbe hier im Hunger! Ich will mich aufmachen und zu meinem Vater gehen und zu ihm sagen: Vater, ich habe gesündigt gegen den Himmel und vor dir. Ich bin hinfort nicht mehr wert, dass ich dein Sohn heiße; mache mich zu einem deiner Tagelöhner!" (Lukas 15,17–19).

Der Sohn fühlte sich schuldig. Hätte er auf sein Erbe geachtet, statt es aus dem Fenster zu werfen, wäre ihm das alles nicht passiert. Er sehnte sich nach Hause zurück – doch er wusste auch, dass der Vater vielleicht zu Recht wütend auf ihn sein könnte. Würde sein Vater ihn wenigstens als Tagelöhner wieder aufnehmen? Oder würde er ihn beschimpfen und verjagen?

Offene Arme

Und sein Vater? Der scheint tatsächlich täglich auf Nachricht von seinem Sohn gehofft zu haben. Denn er erkannte den zerknirschten Heimkehrer schon, als er noch weit entfernt war. „Es jammerte ihn", schreibt Lukas, der Vater „lief und fiel ihm um den Hals und küsste ihn" (Lukas 15,20). Diese liebevolle Reaktion wird den Heimkehrer genauso erstaunt haben wie die Zuhörer, denen Jesus das Gleichnis erzählte. Der Sohn bekannte sein schlechtes Gewissen: „Vater, ich habe gesündigt gegen den Himmel und vor dir; ich bin hinfort nicht mehr wert, dass ich dein Sohn heiße" (Lukas 15,21). Aber der Vater schien gar nicht zuzuhören. Stattdessen rief er seine Knechte und forderte sie auf, dem Sohn etwas Ordentliches zum Anziehen zu bringen: gute Kleidung, Schuhe und sogar einen Ring. Außerdem sollten sie ein Kalb schlachten und mit ihnen gemeinsam „essen und fröhlich sein: Denn dieser mein Sohn war tot und ist wieder lebendig geworden; er war verloren und ist gefunden worden" (Lukas 15,23f).

Den Moment, in dem der Vater seinen Sohn die die Arme schloss, hat der Maler Rembrandt in seinem Gemälde *Verlorener Sohn* ausdrucksstark festgehalten: Liebevoll schließt der Vater den in Lumpen gekleideten Sohn in seine Arme. Das Gesicht des Sohnes ist kaum zu erkennen. Aber der vom Vater ausgehende Ausdruck von Freude, Güte und Zuwendung dominiert das ganze Bild. Hier wie im Gleichnis Jesu ist nichts zu spüren von Vorwürfen. Es gibt kein „Hab' ich dich nicht gewarnt?", keine Wut oder Enttäuschung bei diesem Wiedersehen. Ja, es scheint den Vater nicht einmal zu interessieren, was vorgefallen ist. In diesem Moment freut er sich einfach nur, dass sein Sohn wieder da ist, und will diese Freude mit allen teilen.

Das Unverständnis der anderen

Und doch fällt es bis heute sicher nicht jedem Vater leicht, sein Kind nach solchen Vorfällen mit offenen Armen wieder aufzunehmen. Oftmals sind Enttäuschung und alte Verletzungen am Ende doch stärker als die Freude und erschweren eine Wiederannäherung.

Im Gleichnis ist es nicht der Vater, sondern der Bruder des Heimgekehrten, der nicht so recht weiß, wie er mit der Sache umgehen soll. Als er von der Feldarbeit nach Hause kam, platzte er in die unerwartete Wiedersehensfeier. Ein Knecht verriet ihm den Grund: „Dein Bruder ist gekommen und dein Vater hat das gemästete Kalb geschlachtet, weil er ihn gesund wiederhat" (Lukas 15,27). Dem Bruder war allerdings gar nicht zum Feiern zumute. Er wurde zornig.

Aber sein Vater kam auch ihm entgegen und hörte sich an, was sein älterer und ziemlich eifersüchtiger Sohn zu sagen hatte. Der Jüngere, der sein „Hab und Gut mit Huren verprasst hat" (Lukas 15,30), sei ihm wohl wichtiger als der Ältere, der sich um Hof und Familie kümmere? Auch mit diesem Sohn fängt der Vater nun nicht etwa an zu streiten. Geduldig erklärt er ihm, dass er ihn genauso liebe wie den Heimgekehrten. Die Formulierung „dieser dein Sohn" (Lukas 15,30) aufnehmend, wies er seinen älteren Sohn außerdem darauf hin, dass es doch sein Bruder sei, der endlich wieder da war: „Mein Sohn, du bist allezeit bei mir und alles, was mein ist, das ist dein. Du solltest aber fröhlich und guten Mutes sein; denn dieser dein Bruder ... er war verloren und ist wiedergefunden"

(Lukas 15,31). Ob sich der ältere Sohn überzeugen ließ und schließlich doch mitfeierte, lässt die Erzählung jedoch offen.

Die Sehnsucht nach offenen Armen

Die Sehnsucht nach offenen Armen und einem Ort, an dem man sich zu Hause fühlen kann, egal was geschehen ist, kennt jeder Mensch. Auch als Vater ist es schwierig, sie zu erfüllen. Ganz besonders, wenn man selbst nie einen Ort fand, an dem man diese Erfahrung machen durfte. Schnell schleichen sich die Erfahrungen, die man mit den eigenen Eltern gesammelt hat, auch in die Beziehung zu den Kindern ein. So dominieren in manchen Familien über Generationen hinweg ähnliche Streitigkeiten und Probleme das Verhältnis zueinander.

Das Gleichnis vom verlorenen Sohn zeigt auch heute noch, wie man solche Kreisläufe überwinden könnte. Der Vater in Jesu Gleichnis ist bereit loszulassen. Er akzeptiert, dass seine erwachsen gewordenen Söhne eigenständige Personen sind, die ihre eigenen Erfahrungen sammeln. Überhöhte Ansprüche an den anderen, Missgunst und Besserwisserei haben damit keinen Platz mehr. Und er kann die Freude des (Wieder-)Zusammenseins mit seinen Söhnen genießen.

Aber Jesus erzählte das Gleichnis natürlich nicht, um Väter zu belehren. Vor allem wollte er einige seiner Zeitgenossen zum Nachdenken bewegen, die darüber empört waren, dass er mit Zöllnern und Sündern gemeinsam aß. Wer mitdachte, konnte erkennen: Jesus geht mit Sündern und Außenseitern so um wie dieser Vater mit seinen Söhnen. Und vielleicht tut er es deswegen, weil auch Gott sich über jeden freut, der ihm nahe ist oder zu ihm zurückfindet. Gott steht wie ein guter Vater jedem mit offenen Armen gegenüber. Wer diese Gewissheit spüren und sie an seine Kinder weitergeben kann, macht damit nicht nur seine Kinder, sondern auch sich selbst glücklich.

Lese-Tipps

Allgemein: Eine theologisch kenntnisreiche und erschöpfende Bestandsaufnahme hat Annemarie Ohler erarbeitet: *Väter, wie die Bibel sie sieht* (Verlag Herder, Freiburg im Breisgau 1996). Gerhard von Rads in altehrwürdigem und teils mitreißendem Professorenstil verfasste Einführung in die *Theologie des Alten Testaments* ist bis heute Grundlage, um die Entstehung und Hintergründe des Alten Testaments zu verstehen.

Adam: *Eva, Noah und der David-Clan* hat der Theologe und Schriftsteller Klaas Huizing sein Buch über „Scham, Schuld und Verbrechen in der Bibel" genannt (Frankfurt am Main 2012) – ein glänzender Essay, in dem mehrere biblische Väter vorkommen.

Noah: Jürgen Ebach hat sich dem schweigenden Erbauer der Arche gewidmet: *Noah. Die Geschichte eines Überlebenden* (Leipzig 2001). Der Vortrag *Biblische Väter*, gehalten auf dem Deutschen Evangelischen Kirchentag 2009, ist im Internet leicht zu finden.

Jakob und Josef: Immer noch ein Genuss-Klassiker des Bildungsbürgertums: Thomas Manns Roman-Epos *Joseph und seine Brüder* (diverse Ausgaben).

Saul: *Saul. Schuld, Reue und Tragik eines „Gesalbten"* heißt ein von Georg Hentschel vorgelegtes Porträt (Leipzig 2003).

David: Stefan Heyms *König David Bericht* (1972) ist trotz oder wegen der politisch-zeitgeschichtlichen Transformation des Autors lesenswert (verschiedene Ausgaben).

Salomo: *Von der Weisheit eines Frauenliebhabers* nennt Andreas Kunz seine Monografie über *Salomo* (Leipzig 2004).

Hiob: Auf köstliche Weise und mit allen Freiheiten eines Literaten hat Roger Willemsen die Hiob-Geschichte ins Heute übertragen: *Das müde Glück. Mit Bildern von Kitty Kahane* (Frankfurt am Main 2012).

Jefta: *Jefta und seine Tochter* heißt der bewegende Roman des deutschen jüdischen Schriftstellers Lion Feuchtwanger, 1957, ein Jahr vor seinem Tod erschienen (verschiedene Ausgaben).

Tobias: Der Brief von Matthias Claudius an seinen Sohn Johannes findet sich im *Wandsbeker Boten* (diverse Ausgaben, die schönste im Zürcher Manesse-Verlag).

Vater des verlorenen Sohnes: Der niederländische Priester, Psychologe und Schriftsteller Henri Nouwen hat sich tiefgehend mit der Geschichte vom verlorenen Sohn auseinandergesetzt. *Nimm sein Bild in dein Herz* (Verlag Herder, Freiburg im Breisgau, 17 Auflagen seit 1991). Das neueste Buch: *Wenn dein Herz nach Hause kommt. Bild und Geschichte vom Barmherzigen Vater* (Verlag Herder, Freiburg im Breisgau 2013).

Jesus: Ezzelino von Wedels Essay *Als Jesus sich Gott ausdachte. Die unerwiderte Liebe zum Vater* (Stuttgart 1990) ist noch immer ein mitreißendes Gedankenexperiment mit theologischem Tiefsinn. Klaas Huizing nähert sich belletristisch der Beziehung Jesu zum Vater: *Mein Süßkind. Ein Jesus-Roman* (Gütersloh 2012).

Außerdem: Franz Kafkas 1919 verfasster *Brief an den Vater* ist ein eindrucksvolles Zeugnis eines dramatischen Vater-Sohn-Konflikts. Margot Käßmanns Buch über die *Mütter der Bibel* wird seit 2008 im Verlag Herder veröffentlicht.

Bibelstellenverzeichnis

Personenverzeichnis

Zum Autor

Uwe Birnstein, geboren 1962 in Bremen, ist evangelischer Theologe und seit 1989 hauptberuflich als Autor und Journalist unterwegs mit Veröffentlichungen in Presse, Hörfunk und Fernsehen. Er schrieb für *Die Zeit* und *die tageszeitung*, arbeitete in der Redaktionsleitung einer erfolgreichen ARD-Talkshow und ist Hörfunkkolumnist beim Bayerischen Rundfunk. Vielen ist er seit 2003 bekannt durch seine wöchentlichen Bibelkolumnen im *Sonntagsblatt* der Evangelisch-Lutherischen Kirche Bayerns *("Sagen Sie mal ...", "Das Beste der Bibel")*. Biblische Themen finden sich entsprechend auch in seinen Buchveröffentlichungen: *Sagen Sie mal, Adam ... 52 Interviews mit biblischen Persönlichkeiten* (München 2003), *Das Beste der Bibel* (Würzburg 2010). Neben der Bibel gehört die Reformationszeit zu seinen thematischen Schwerpunkten; er veröffentlichte Porträts über Johannes Calvin, Philipp Melanchthon und Michael Servet.

Uwe Birnstein lebt und arbeitet in Berlin-Kreuzberg. Über die „Väter in der Bibel" hält er auch Vorträge.

Im Internet: www.birnstein.de

MIX
Papier aus verantwor-
tungsvollen Quellen
FSC® C083411

© Verlag Herder GmbH, Freiburg im Breisgau 2013
Alle Rechte vorbehalten
www.herder.de

Bibelzitate und Schreibweisen biblischer Eigennamen folgen der
Lutherbibel, durchgesehene Ausgabe in neuer Rechtschreibung
© 1999 Deutsche Bibelanstalt Stuttgart

Redaktionelle Mitarbeit: Sonja Poppe

Umschlaggestaltung: Verlag Herder
Umschlagmotiv: © Viktor Kuryan – Fotolia
Satz: werkdruck – Thomas Hein

Herstellung: CPI – Clausen & Bosse, Leck

Printed in Germany

ISBN 978-3-451-30657-0